GUSTAVE FAUTRAS ET LÉON VILLAIN

L'Enseignement Musical

à l'École Primaire

PUBLISHED : OCTOBER 1 1905

GUSTAVE FAUTRAS & LÉON VILLAIN

Inspecteurs de l'Enseignement primaire.

L'Enseignement Musical

à l'École Primaire

(THÉORIE, SOLFÈGE & CHANT)

PARIS

LIBRAIRIE CH. DELAGRAVE

15, RUE SOUFFLOT, 15

1905

PRÉFACE

Cet ouvrage, comme l'indique son titre, est avant tout un livre d'*enseignement*. Nous nous sommes placés, en l'élaborant, à un point de vue exclusivement pratique, et nous n'avons pas eu l'intention de faire ici un traité, si élémentaire fût-il, de science musicale.

Dans la première partie, les notions théoriques sont présentées sous une forme qui les rend accessibles à toutes les intelligences ; l'aridité en est détruite par la substitution à la définition technique d'explications et d'exemples que peut saisir sans aucune difficulté l'esprit de l'élève. Elles sont suivies, d'ailleurs, de nombreux exercices d'intonation et de solfège, qui permettent, par une application immédiate, de les mieux comprendre et de se familiariser avec leur usage. De plus, toutes ces notions, d'une leçon à l'autre, s'enchaînent progressivement et prennent une extension qui répond largement aux exigences des programmes du brevet élémentaire et du certificat d'études primaires supérieures.

Dans la seconde partie, on objectera peut-être que certains de nos chants sortent du genre scolaire. Nous les avons composés ainsi de parti pris, pour donner plus d'essor au sens artistique dans les écoles et n'y pas perpétuer cette hérésie pédagogique de la *mélodie facile,* qui devient inévitablement banale et qui, loin de la favoriser, ne fait que nuire à l'éducation du sentiment esthétique.

Ces chants, écrits sans prétention, ne vaudront, du reste, que par leur interprétation bien comprise, par l'observation rigoureuse du mouvement et de la nuance, par l'expression des voix et la justesse des sons. Tous ont été adaptés à des poésies absolument inédites, que nous avons demandées, aux quatre coins de la France, à quelques-uns de ces instituteurs, amis des Muses, qui savent si bien traduire en vers harmonieux les beautés de la nature, l'attrait de l'école, le charme de la vie de famille, et la grande et noble cause de la Patrie. Nous les remercions d'avoir répondu à notre appel; — et ce sera pour eux, comme pour nous, la meilleure satisfaction si, grâce à leur concours, notre œuvre est appréciée des maîtres, et si les élèves en tirent profit.

Gustave Fautras et Léon Villain.

PREMIÈRE PARTIE

NOTIONS THÉORIQUES

EXERCICES D'INTONATION & DE SOLFÈGE

PREMIÈRE LEÇON

La Gamme.

Pour apprendre à lire la musique, il faut avant tout savoir chanter juste un exercice appelé *gamme*, qui s'exécute sur les syllabes suivantes :

do, ré, mi, fa, sol, la, si, do.

Les huit sons que nous venons de faire entendre, de *chanter*, vont successivement du *grave* à l'*aigu*. Aller d'un son *grave* à un son *aigu*, cela s'appelle *monter ;* aller d'un son *aigu* à un son *grave*, cela s'appelle *descendre.*

La *gamme*, telle qu'on vient de l'exécuter, s'appelle la *gamme montante* ou *ascendante.*

Quand on la chante de la façon suivante :

do, si, la, sol, fa, mi, ré, do,

on l'appelle *gamme descendante.*

Exercices : 1° Chanter la gamme en montant, puis en descendant 2° chanter la gamme sur la voyelle *a.*

N.-B. — Chanter un air sur la même voyelle (généralement la voyelle *a*) s'appelle *vocaliser ;* et l'exercice, une *vocalise* (1).

3° Chanter la gamme *ascendante*, puis *descendante*, avec les paroles suivantes :

La bonté s'unit aux doux sons :
Les méchants n'ont pas de chansons.

ou encore :

Chantons, amis, soir et matin :
La gaîté sourit au destin.

---

(1) Il sera bon de vocaliser tous les exercices. Il est recommandé au maître de terminer cette première leçon en exécutant lui-même quelques vocalises, pour s'assurer que les élèves savent distinguer si l'on *monte* ou si l'on *descend.*

2e LEÇON

La portée. — Les clefs. — Les cinq premières notes de la gamme.

Les divers sons de la gamme se représentent par des signes (♩, 𝅗𝅥, 𝅝,) que l'on appelle *notes.*

Ces signes se placent sur les *lignes*, ou dans les *interlignes* d'une sorte d'échelle composée de cinq lignes horizontales, et que l'on appelle *portée.*

Au commencement de la portée se trouve un signe que l'on appelle *clef.*

Il y a trois sortes de clefs : la clef de *sol* (𝄞), qui se place sur la deuxième ligne ; la clef de *fa* (𝄢), qui se place sur la quatrième ou sur la troisième ligne ; et la clef de *do* ou d'*ut* (𝄡), qui se place sur la première, sur la deuxième, sur la troisième ou sur la quatrième ligne de la portée.

Mais la seule qu'il nous importe de connaître, parce que c'est la seule qui soit usitée dans la musique écrite pour voix d'enfant, est la clef de *sol.* L'extrémité de sa boucle repose sur la deuxième ligne de la portée, indiquant par là que la note placée sur cette ligne représente le *sol.* Connaissant la position du *sol*, il est facile de déterminer celle des autres notes, puisque ces notes se placent dans l'ordre des sons de la gamme qu'elles représentent.

Ainsi, au-dessous du *sol* et dans le premier interligne, la note représente *fa ;* sur la première ligne, c'est *mi ;* sous la première ligne, *ré.* Quant au *do*, premier degré de la gamme, sa place est sur une petite ligne, dite *supplémentaire*, tracée au-dessous de la portée.

Les lignes supplémentaires *inférieures*, c'est-à-dire au-dessous de la portée, se comptent de haut en bas ; les lignes supplémentaires *supérieures*, c'est-à-dire au-dessus de la portée, se comptent de bas en haut.

Exercices de lecture et d'intonation.

(Faire une légère pause après chaque barre.)

3e LEÇON

La mesure. — Le rythme. — Exercices mesurés à 2 temps.

Les sons ne se distinguent pas seulement par leur *gravité* ou leur *acuité*; ils se distinguent aussi par leur *durée*.

L'unité de *durée*, en musique, s'appelle *temps*. Les temps peuvent être plus ou moins longs, suivant qu'un morceau est chanté ou exécuté plus ou moins rapidement ; mais au cours d'un même morceau, ou d'un même motif, ils doivent être, en règle générale, absolument égaux. Pour mesurer la durée, on exécute, avec l'avant-bras, des mouvements égaux, analogues aux oscillations du balancier d'une horloge. C'est ce que l'on appelle *battre la mesure*.

On bat la mesure soit à *deux temps*, soit à *trois temps*, soit à *quatre temps*.

Quand on bat la mesure à deux temps, la main dessine, dans l'espace, la figure ci-contre.

Une autre qualité du son, c'est sa *force*. Dans la mesure à deux temps, le son s'attaque avec plus de force sur le premier temps que sur le second. C'est ce que l'on exprime en disant que le premier temps est *fort* et que le deuxième est *faible*.

Le retour périodique des temps forts et des temps faibles, combiné avec la succession, dans un ordre également déterminé, des sons de durées diverses, constitue un effet que l'on appelle *rythme*, et qui est l'un des plus puissants moyens d'action de la musique (1).

Par les formes différentes que l'on donne aux notes, on indique la durée du son. Dans les mesures dites *simples* ou *binaires*, c'est-à-dire dans lesquelles le temps n'est susceptible d'aucune division, on n'admet que des divisions *binaires* ou *quaternaires* (par *moitiés* ou par *quarts*). On prend, le plus souvent, pour représenter un son durant un temps, la note suivante :

♩, que l'on appelle une *noire*, et qui devient, par conséquent, l'*unité de temps*. Pour représenter un son d'une durée de deux temps, on emploie cette autre note : 𝅗𝅥, que l'on appelle une *blanche ;* et pour figurer un son soutenu pendant quatre temps, celle-ci : 𝅝, que l'on appelle une *ronde*.

Comme on le voit, ces trois *valeurs* de note sont successivement dans le rapport de 1 à 2, en sorte que l'on peut écrire :

𝅝 = 𝅗𝅥𝅗𝅥 = ♩♩♩♩, ou bien : ♩ = $\frac{1}{2}$ 𝅗𝅥 = $\frac{1}{4}$ 𝅝.

On sépare par des traits verticaux, dits *barres de mesure*, les notes que l'on exécute dans la même mesure. La fraction $\frac{2}{4}$, placée immédiatement après la clef, indique que chaque mesure comprend deux quarts de ronde, c'est-à-dire *deux noires* ou *une blanche*, ou des valeurs équivalentes. Cette fraction se lit *deux-quatre*, et l'on dit aussi que la mesure est à *deux-quatre*.

(1) Pour donner une idée du rythme, le maître pourra imiter sur la table, avec une baguette ou avec les doigts, diverses batteries de tambour, ou bien il marquera le rythme de chants scolaires appris par l'audition. Le bruit produit par certaines machines ou par les outils constitue aussi un rythme. Exemple : le *tic-tac* du moulin, le *teuf-teuf* des automobiles, les coups du marteau tombant sur l'enclume, du fléau sur la gerbe, etc.

Exercices mesurés à 2 temps.

N.-B. — Les virgules indiquent les endroits où il faut respirer.

Nº 5

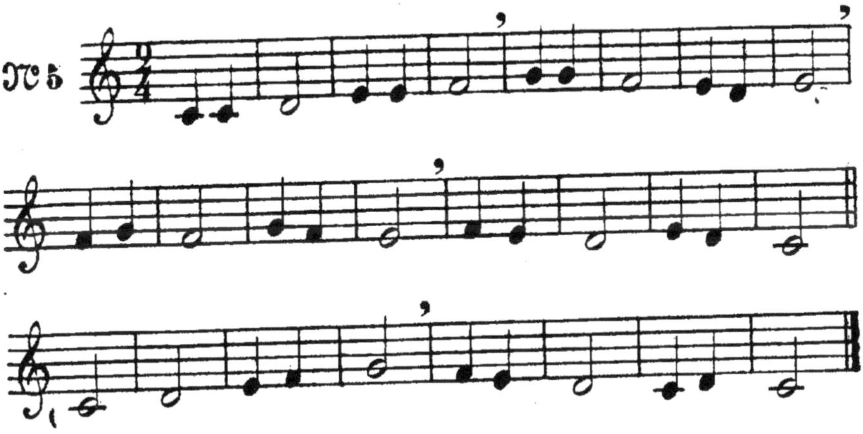

Nº 6

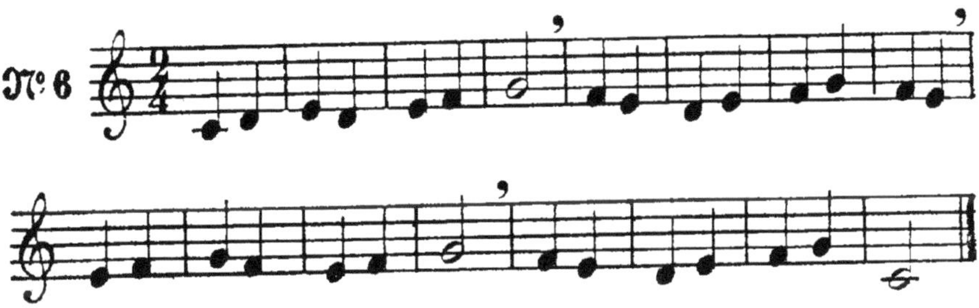

4e LEÇON

Les notes de sol à do. — Les reprises. — Exercices d'intonation.

Exercices mesurés à 2 temps.

Avant d'exécuter l'exercice suivant, on fera remarquer : 1° que les deux points (:) placés devant une *double barre* (*barre de reprise*) indiquent qu'il faut reprendre le morceau, soit au commencement, soit à la double barre précédente ; 2° que, lorsque deux mêmes notes sont réunies par une *courbe* (*liaison*), la seconde ne s'articule pas et n'est que le prolongement de la première.

5e LEÇON

Les quatre premières notes de l'octave aiguë. — Mesure à 3 temps.

On peut, à partir du *do* aigu de la gamme, recommencer une nouvelle gamme, qui ressemble exactement à la première, comme se ressemblent deux mêmes airs chantés l'un par une voix d'homme, l'autre par une voix de femme ou d'enfant

Dans l'exercice suivant, on apprendra à chanter les quatre premières notes de cette nouvelle gamme.

(1) Si les élèves, dans ce morceau et les suivants, éprouvent de la difficulté à donner le *fa*, on transposera en *si* ♭. Il suffira, pour cela, de prendre, pour le *si*, le *la* du diapason.

Mesure a 3 temps. — Cette mesure se bat comme l'indique la figure ci-contre. Le premier temps est *fort ;* le deuxième et le troisième temps sont *faibles.*

La mesure simple la plus usitée à 3 *temps* est la mesure à $\frac{3}{4}$ (*trois-quatre*), qui comprend *trois quarts* de ronde, c'est-à-dire *trois noires,* ou des valeurs équivalentes.

L'exercice suivant est écrit à *trois temps* ($\frac{3}{4}$). Les lettres D.C., qu'on lit *da capo* (à la tête), indiquent que, lorsqu'on est arrivé à la dernière mesure, on doit reprendre le morceau au commencement et continuer à chanter jusqu'au mot *fin.*

Remarquez aussi l'emploi d'une nouvelle valeur de note. C'est la *blanche pointée* 𝅗𝅥., qui vaut trois noires, ou une blanche et une noire. Il est convenu que le *point* placé à la droite d'une note *augmente* celle-ci de la *moitié* de sa valeur. Un second point vaut la moitié du premier, et la note, lorsqu'elle est suivie de deux points, se trouve, par conséquent, *augmentée* des *trois quarts* de sa valeur.

6e LEÇON

La mesure à 4 temps.

La mesure à 4 temps se bat comme l'indique la figure ci-contre.

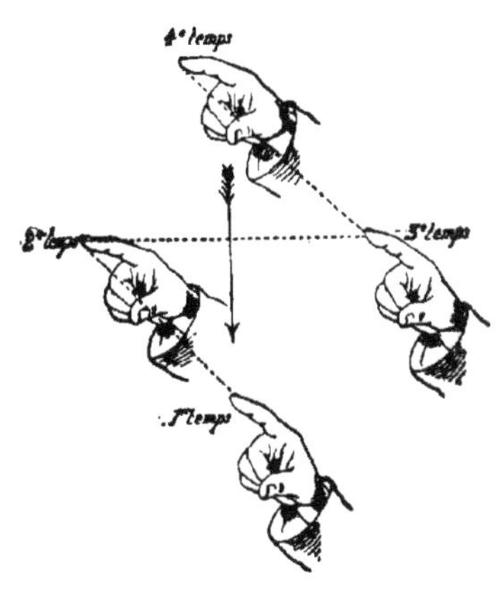

Dans cette mesure, le premier temps est *fort,* le deuxième *faible,* le troisième *demi-fort* et le quatrième *faible.*

La seule mesure *simple* à 4 temps, maintenant usitée, est la mesure à $\frac{4}{4}$ (quatre-quatre), ainsi nommée parce qu'elle contient *quatre quarts* de ronde, c'est-à-dire *quatre noires* ou des valeurs équivalentes. On l'indique par ce signe C.

7e LEÇON

Les silences.

Les *silences* sont des signes qui marquent l'interruption des sons. Chacun d'eux correspond comme valeur à l'une des figures de note.

La *pause* (▬) équivaut à la *ronde ;* la *demi-pause* (▬), à la *blanche ;* le *soupir* (𝄽 ou 𝄾), à la *noire.* Dans les mesures à $\frac{2}{4}$, $\frac{3}{4}$ ou $\frac{4}{4}$, la pause vaut donc quatre temps, la demi-pause deux temps, et le soupir un temps.

Il est convenu toutefois, quelle que soit la mesure d'un morceau, que la *pause* est le silence d'une mesure entière et équivaut ainsi à l'unité de mesure.

La pause se place *sous* la quatrième ligne et la demi-pause *sur* la troisième ligne.

(1) On comptera les temps remplis par des silences, d'abord à haute voix, puis à voix basse ou mentalement. Pour les premières mesures du nº 16, on dira donc : do, 2 | ré, do | si, 2 | ; pour les premières mesures du nº 17, on dira : do, 2, do | si, 2, la | sol, 2, fa | ; pour la troisième mesure de l'exercice 18 : la, sol, 3, sol ; pour la sixième : 1, 2, 3, 4.

On remarquera à l'exercice suivant que la première mesure n'est pas complète : l'attaque se fait sur le quatrième temps. Dans ce cas la dernière mesure est également incomplète, et la somme des valeurs de l'une et de l'autre donne une mesure complète.

8e LEÇON

Les intervalles. — Exercices sur la tierce.

On appelle *intervalle* la distance d'un degré de la gamme à un autre. L'intervalle compris entre deux notes consécutives s'appelle intervalle de *seconde*, parce qu'il comprend *deux* degrés ; l'intervalle comprenant *trois* degrés s'appelle *tierce; quatre* degrés, *quarte; cinq* degrés, *quinte; six* degrés, *sixte; sept* degrés, *septième; huit* degrés, *octave.*

Quand deux degrés de la gamme sont *consécutifs,* on dit que ce sont des degrés *conjoints ;* quand ils sont séparés par un intervalle supérieur à la seconde, ils s'appellent des degrés *disjoints.*

Jusqu'à présent nos exercices — sauf quelques-uns où nous avons introduit l'intervalle de *quinte* (do-sol) et l'intervalle de *quarte* (sol-do), — ont procédé par degrés *conjoints.* Les exercices suivants auront pour objet d'apprendre à chanter par degrés *disjoints.*

Exercices d'intonation sur les tierces.

Exercices mesurés sur les tierces.

Lorsqu'un intervalle de *quarte* est composé de trois *tons* (voir ce mot à la leçon suivante) — comme de *fa* à *si* naturel, — il porte le nom particulier de *triton*.

9e LEÇON

Les degrés de la gamme. — L'accord parfait.

Tous les degrés de la gamme ne sont pas à la même distance. On appelle *ton* la distance qui sépare les degrés consécutifs les plus éloignés, et *demi-ton*, la distance entre les degrés consécutifs les plus rapprochés.

Il y a un ton entre le 1er et le 2e degré ; entre le 2e et le 3e ; le 4e et le 5e ; le 5e et le 6e ; le 6e et le 7e.

Il y a un demi-ton entre le 3e et le 4e degré, et entre le 7e et le 8e.

C'est ce que l'on a rendu sensible par l'échelle ci-contre.

8e degré	*Tonique* (répétition)	
		½ ton
7e degré	*Sensible.*	
		1 ton
6e degré	*Sus-dominante.*	
		1 ton
5e degré	*Dominante.*	
		1 ton
4e degré	*Sous-dominante.*	
		½ ton
3e degré	*Médiante.*	
		1 ton
2e degré	*Sus-tonique.*	
		1 ton
1er degré	*Tonique.*	

Le plus important des degrés de la gamme est le premier, dont le huitième n'est que la répétition. On l'appelle *tonique,* parce qu'il donne l'idée de la *tonalité.* Après la tonique, la plus importante des notes de la gamme est la cinquième, qu'on appelle *dominante,* parce que c'est généralement cette note qui revient le plus souvent, qui *domine* dans un air. Le troisième degré de la gamme, placé entre la dominante et la tonique, s'appelle pour cela *médiante,* d'un mot qui veut dire *milieu.* Le deuxième degré s'appelle *sus-tonique ;* le quatrième, *sous-dominante ;* le sixième, *sus-dominante.* Ces termes n'ont pas besoin d'explication.

Quant au septième degré de la gamme, on l'appelle la *note sensible,* parce que cette note tend toujours à se rapprocher de la *tonique,* répétée au huitième degré.

La *tonique,* la *médiante* et la *dominante* forment ce que l'on appelle l'*accord parfait.* Si les sons d'un accord sont entendus simultanément, on dit que l'accord est *plaqué ;* s'ils sont entendus successivement, l'accord est dit en *arpèges* ou *arpégé.*

On peut répéter à l'octave chacune des notes de l'accord parfait ; mais c'est la tonique que l'on répète le plus souvent. Comme les notes de l'aord parfait reviennent assez souvent dans un air, il est d'une importance capitale de savoir chanter ces notes, non seulement dans la position qu'elles occupent ci-dessus, mais encore dans toutes les positions.

Exercices d'intonation sur l'accord parfait.

Exercices mesurés.

Motif composé avec les notes de l'accord parfait.

Il ne sera peut-être pas sans intérêt de faire remarquer que certains instruments de musique ne donnent absolument que les notes de l'accord parfait. Tels sont, par exemple, les clairons et les trompettes. Toutes les *sonneries* de l'infanterie et de la cavalerie sont des motifs analogues au précédent, mais d'un rythme plus varié.

Dans les exercices suivants, on trouvera, avec les notes de l'accord parfait, d'autres formules mélodiques.

10e LEÇON

Propriété des sons de la gamme.

On a vu, dans la précédente leçon, que la tonique, la dominante et la médiante sont les principales notes de la gamme. Toutes trois éveillent l'idée de repos : la tonique *do*, de repos complet ; la dominante *sol* et la médiante *mi*, de repos secondaire ou intermédiaire. La sensible *si* a une tendance manifeste à monter au *do*. Quant aux trois autres sons, ils tendent au contraire, mais d'une façon moins accusée, à descendre : le *la* au *sol ;* le *fa* au *mi ;* le *ré* au *do*. De là la formule ci-deossus :

Les exercices suivants ont pour objet de familiariser les élèves avec cette formule dans toutes ses positions.

N°26

N°27

11e LEÇON

Les accords de la gamme.

L'accord parfait de *do,* étudié dans la 9e leçon, n'est pas le seul qui soit dérivé de la gamme. Si, du *do* au *la,* on chante de tierce en tierce les notes de la gamme, on a ainsi une série d'accords parfaits en arpèges. De ces accords les uns sont *majeurs,* les autres *mineurs* (on verra plus loin la différence qui existe entre ces deux sortes d'accord parfait). Les trois notes *si, ré, fa* ne donnent plus un accord parfait, mais un accord que les musiciens appellent de *quinte diminuée,* et qui prend le nom d'accord de *septième dominante* quand on lui donne *sol* pour base.

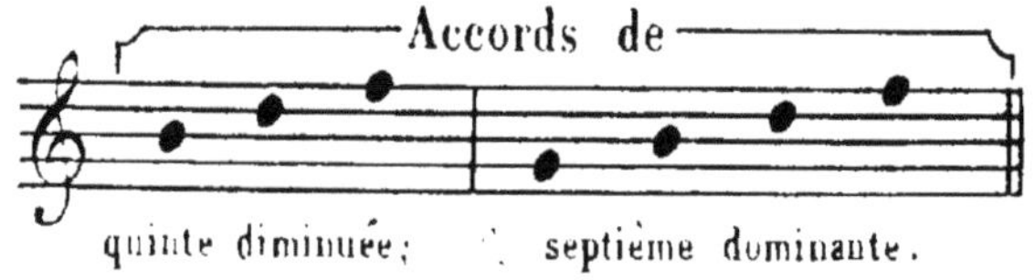

Dans les deux exercices suivants on trouvera des exemples de ces accords.

12e LEÇON

La division binaire et quaternaire.

Le temps est susceptible de se diviser en deux ou quatre parties égales; c'est ce que l'on appelle la division *binaire* ou *quaternaire*. On ne la trouve que dans les mesures simples, comme les mesures à $\frac{2}{4}$, $\frac{3}{4}$, $\frac{4}{4}$ (C).

La note que l'on emploie, dans ces mesures, pour figurer un son d'une durée d'un demi-temps, est la *croche* (♪), qui équivaut à la *moitié* de la noire ; la note qui représente un son d'une durée d'un quart de temps, c'est la *double croche* ( ), qui équivaut au *quart* de la noire, et par conséquent à la moitié de la croche.

Les croches, quand elles se suivent, sont souvent représentées ainsi : et les doubles croches :

Un temps peut être rempli partie par un *son*, partie par un *silence*. Il y a donc des silences d'une valeur inférieure à un temps. Ce sont le *demi-soupir* ( ), qui équivaut à la *croche*, et le *quart de soupir* ( ), qui équivaut à la *double croche*.

Le tableau suivant indique les valeurs relatives de toutes les figures de notes, ainsi que des silences correspondants.

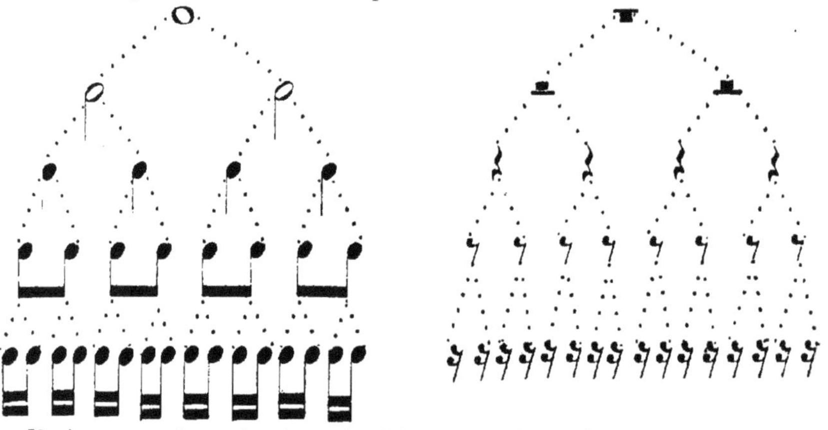

Il n'est pas nécessaire de parler ici, — ces valeurs de notes étant presque inusitées dans le chant, — de la *triple croche* ( ) ni de la *quadruple croche* ( ), ainsi que des silences correspondants : le *huitième de soupir* ( ) et le *seizième de soupir* ( ). On peut le faire néanmoins, à titre d'indication, et compléter le tableau de la manière suivante, la double croche valant deux triples croches et la triple croche valant elle-même deux quadruples croches :

Exercices sur la croche.

On remarquera dans l'exercice suivant l'emploi du signe 𝄋, que l'on nomme *renvoi*. Il a le même effet que le *da capo* : D. C. Lorsqu'on le rencontre, on doit se reporter en tête du morceau, où il est également figuré, et continuer jusqu'au mot *fin*.

13e LEÇON

La division binaire (suite). — La noire pointée.

La *noire pointée* ♩. vaut 3 croches, et représente, par conséquent, dans les mesures simples, un temps et un demi-temps.

Exercice préparatoire.

(1) Le passage de l'exercice 34 à l'exercice 35 se fera sans difficulté. On observera, en effet, que la phrase

peut s'écrire aussi :

en sorte que, pour chanter une noire pointée suivie d'une croche, il suffit pour la pre-

14e LEÇON

La division binaire (suite). — L'attaque à contre-temps.

On dit qu'il y a *attaque à contre-temps*, toutes les fois qu'une phrase musicale commence sur la deuxième partie d'un temps.

---

mière partie du deuxième temps de remplacer le son articulé *do* ou *mi* par le prolongement de la voyelle *o* ou *i*.

Au lieu de dire, comme dans l'exercice 34 : do do ré mi mi fa | sol sol la | sol |,
on dira donc : do-o ré | mi-i fa | sol-ol la | sol |

Exercices sur l'attaque à contre-temps.

N° 39 (1)

N° 40

N° 41

(1) On aura soin de compter, d'abord à haute voix, puis à voix basse ou mentalement, la partie du temps remplie par un demi-soupir. On devra donc dire pour les quatre premières mesures: 1, 2 sol | do ré, mi ré | do, 2 mi | ré do, si la | sol, 2 sol |.

15e LEÇON

La division quaternaire.

La note qui correspond à un quart de temps, dans les mesures simples les plus usitées, est la *double croche*.

Nº 44
FIN
D.C.
Nº 45
FIN.
D.C.

16e LEÇON

La division quaternaire (suite). — La croche pointée.

La croche pointée vaut une croche et une double croche ou trois doubles croches : ♪. = ♪♬ = ♬♬♬. Cette valeur représente donc trois quarts de temps dans les mesures simples les plus usitées.

L'effet de rythme produit par la croche pointée rappelle celui de la noire pointée. (Voir 13e Leçon.)

Exercices sur la croche pointée.

17e LEÇON

Le mouvement.

On appelle *mouvement* le degré de vitesse ou de lenteur avec lequel on exécute un morceau.

Pour mesurer la durée, on se sert, en musique, d'un instrument appelé *métronome* (figure ci-contre.) Cet instrument, mû par un mouvement d'horlogerie, a pour organe essentiel un balancier dont la tige est graduée. Sur cette tige se meut un curseur, qui permet de modifier la durée des oscillations du balancier. Plus le curseur est haut et plus les oscillations sont lentes ; plus il est bas, plus les oscillations sont rapides.

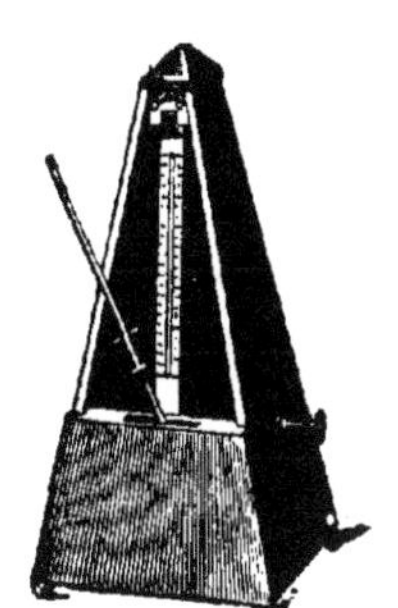
Métronome.

Veut-on obtenir, par exemple, 120 oscillations à la minute ? Il suffit, pour cela, de faire glisser le curseur le long de la tige et de l'arrêter à la division numérotée 120. Veut-on obtenir 144 oscillations à la minute ? On l'abaisse un peu plus bas, à la division 144.

L'indication du mouvement, mesuré au métronome, se fait de la façon suivante. On écrit, en tête du morceau (ou de la reprise, quand le mouvement doit être modifié) la note prise comme unité de temps, puis le signe =, et enfin le nombre de temps qu'il faudra compter par minute.

Ainsi, cette expression : ♩ = 120, nous apprend que la noire doit avoir, dans le morceau ou le motif auquel elle se rapporte, une durée de $\frac{1}{120}$ de minute.

On peut aussi mesurer la durée par les oscillations d'un pendule ordinaire, constitué par un fil à plomb. On sait, en effet, que plus un pendule est long, plus ses oscillations sont lentes ; que plus il est court, plus ses oscillations sont rapides (1).

Pour marquer le mouvement, on se sert également des termes italiens suivants (nous ne donnons que les principaux) :

Mouvements lents : *largo*, *lento*, *adagio*, *larghetto*.

Mouvements modérés ; *andante*, *andantino*, *moderato*.

Mouvements vifs : *allegretto*, *allegro*.

Mouvements rapides : *vivace*, *presto*, *prestissimo*.

Le tableau suivant indique comment on peut interpréter ces termes à l'aide du métronome, et quelle longueur il faut donner au pendule pour obtenir des oscillations d'une durée égale à celle des battements de cet instrument.

(1) Pour doubler la durée de l'oscillation, il faut quadrupler la longueur du pendule pour la tripler, il faut rendre neuf fois plus grande cette même longueur.

EXPRESSIONS ITALIENNES	ABRÉVIATIONS	SIGNIFICATION	MOUVEMENT AU MÉTRONOME	LONGUEUR DU PENDULE
Largo	»	ample, large	♩ = 48	1m56
Adagio	Adgio	très lent	♩ = 54	1m23
Andante	Andte	posément, aisé	♩ = 60	1m
Moderato	Modto	modérément	♩ = 80	0m56
Allegretto	Allegto	assez vif	♩ = 100	0m36
Allegro	Allo	vif, allègre	♩ = 120	0m25
Presto	»	preste, rapide	♩ = 144	0m17
Prestissimo	»	très rapide	♩ = 184	0m10

On rencontrera encore parfois, à la tête d'un morceau de musique, les expressions suivantes :

Tempo di marcia, pour *mouvement de marche ;*
Tempo di valza, pour *mouvement de valse ;*
Tempo di polka, pour *mouvement de polka*, etc.

Altération du mouvement. — L'expression d'une phrase musicale peut quelquefois exiger que le mouvement soit accéléré ou ralenti. Ces altérations du mouvement sont indiquées par les termes suivants, qui se placent dans le courant du morceau.

Pour accélérer le mouvement :

Animato ou *piu animato*, animé, plus animé.
Accelerando (par abréviation *accel.*), en accélérant.
Piu mosso, plus de mouvement.

Pour retarder le mouvement :

Rallentando (par abréviation *rall.*), en ralentissant;
Ritardando (par abréviation *ritard.*), en retardant;
Ritenuto (par abréviation *rit.*), en retenant.

Après l'altération du mouvement, le retour au mouvement régulier s'indique ainsi : *Tempo, a tempo,* 1º *tempo,* c'est-à-dire : *au mouvement, au* 1er *mouvement.*

Le point d'orgue et le point d'arrêt. — On peut aussi prolonger un son seulement ou un silence au delà de leur durée normale. Cette prolongation s'indique par ce signe 𝄐, que l'on nomme *point d'orgue,* quand il s'applique à une note, *point d'arrêt,* quand il s'applique à un silence.

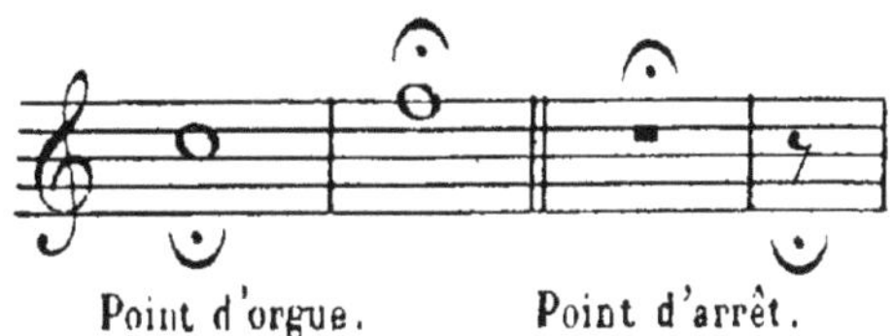

Exercice.

18e LEÇON

L'expression dans le chant. — Les nuances. — Les ornements.

L'*expression* est la manière d'interpréter une œuvre musicale. On arrive à l'expression convenable : en observant les *nuances* que le compositeur a indiquées ; en accentuant convenablement les temps forts et les temps faibles ; en liant les sons quand ceux-ci doivent être liés, en les détachant quand ils doivent être détachés ; en se conformant scrupuleusement au degré de vitesse ou de lenteur du mouvement ; mais surtout *en cherchant à se pénétrer de la pensée de l'auteur*, en sentant bien ce que l'on exécute et en cherchant à le faire sentir.

NUANCES. — Les *nuances* sont l'un des principaux éléments de l'expression. On désigne sous ce nom les différents degrés de force que l'on donne aux sons.

Pour indiquer les nuances, on se sert de termes italiens, de leurs abréviations ou des signes qui les représentent.

Piano ou *p*, signifie *doux ;*
Mezzo piano ou *mp*, signifie *à moitié doux ;*
Pianissimo ou *pp*, signifie *très doux ;*
Mezza voce ou *mv*, signifie *à demi voix ;*
Mezzo forte ou *mf*, signifie *à demi fort ;*
Forte ou *f*, signifie *fort ;*
Fortissimo ou *ff*, signifie *très fort.*

Crescendo ou *cresc.* <, indique qu'il faut augmenter progressivement la force d'un son ou d'une succession de sons.

Decrescendo ou *decresc.* (ou encore *diminuendo*) >, indique qu'il faut diminuer progressivement la force d'un son ou d'une succession de sons.

Quand ces deux derniers effets se suivent, on les indique naturellement par ce double signe : ⟨ ⟩.

Quand un son doit être accentué plus fortement, on l'indique par ce signe : ∧, ou celui-ci : >.

La liaison ou coulé. — Un effet d'expression et de rythme fréquemment employé, c'est la *liaison* ou *coulé*, qu'on indique par une courbe. On l'obtient en liant bien entre eux les sons représentés par les notes que réunit ce signe, en accentuant particulièrement la première note du groupe, et en faisant une légère pause à la fin de la dernière, dont la valeur est par suite quelque peu diminuée. En voici un exemple :

Le staccato. — L'effet contraire à la liaison ou coulé, c'est le *détaché* ou *staccato*. On l'obtient en détachant chaque note, et on l'indique par un point placé au dessous ou au-dessus de la note à détacher.

Le sentiment. — Beaucoup trop longue serait l'énumération des termes et des expressions dont se servent les compositeurs pour indiquer avec quel sentiment leur œuvre doit être interprétée. Nous nous contenterons d'en citer quelques-uns.

Ad libitum, à volonté.
Amabile, d'une façon aimable.
Animato, avec animation.
Cantabile, chantant, mélodieux.
Con anima, avec âme.
Con calore, avec chaleur.
Con grazia ou *grazioso*, avec grâce.
Dolce, doux, à demi voix.
Doloroso, douloureusement.
Espressivo, avec expression.
Legato, lié, coulé
Leggiero, léger.
Maestoso, majestueux.
Perdendosi, en se perdant.
Poco à poco, peu à peu.
Risoluto, résolu.
Scherzando, d'une manière enjouée.
Scherzo, badin, plaisant.
Simplice, simple.
Slargando, en élargissant, en amplifiant.
Sostenuto, soutenu.
Tristamente, avec tristesse.

Les fioritures ou ornements. — On appelle ainsi des notes ou des groupes de notes surabondantes, sans valeur réelle dans le chant, mais qui ont pour effet d'y apporter un élément de plus de goût ou d'attrait.

Les principaux ornements sont :

1° Les *notes d'agrément*, petites notes placées à côté de la note essentielle à laquelle elles sont liées, et qui ne doivent pas retarder la mesure.

2° L'*appogiature* ou *appoggiature*, petites notes *barrées*, chantées à volonté, le plus souvent très vivement, et qui peuvent retarder la mesure.

3° Le *port de voix*, petite note que l'on fait sentir, sans la nommer, en portant la voix vers la note essentielle à laquelle elle est liée.

4° Le *trille*, suite de battements de voix très rapides sur une note donnée et sa seconde ascendante. On l'indique par les lettres *tr*, placées au-dessus de la note, et il peut être précédé d'une appogiature.

5° Le *gruppetto*, groupe de quatre petites notes exécutées vivement entre une note donnée et celle qui la suit. On le représente par ce signe ∾.

19e LEÇON

La mesure à $\frac{2}{2}$ ou ₵. — La mesure à $\frac{3}{8}$.

On aurait pu prendre comme *unité de temps*, au lieu de la *noire*, une autre valeur de note, par exemple la *blanche* ou la *croche*.

C'est d'ailleurs ce que l'on faisait autrefois.

Quand la *blanche* était prise comme *unité de temps*, on avait — dans les mesures simples — les mesures à $\frac{2}{2}$, $\frac{3}{2}$ et $\frac{4}{2}$; avec la *croche* comme *unité*, on avait les mesures à $\frac{2}{8}$, $\frac{3}{8}$ et $\frac{4}{8}$.

Il n'est plus resté de ces diverses mesures que la mesure à $\frac{2}{2}$ et la mesure à $\frac{3}{8}$; encore la première tend-elle également à tomber en désuétude.

La mesure a $\frac{2}{2}$. — On l'indique par ce signe ₵. L'*unité de temps* dans cette mesure est la *blanche*, l'*unité de mesure*, la *ronde*. La noire, par conséquent, représente un demi-temps, la croche un quart de temps. La pause y vaut deux temps ; la demi-pause, un temps ; le soupir, un demi-temps ; le demi-soupir, un quart de temps.

Exercices sur la mesure à $\frac{2}{2}$.

La mesure à $\frac{3}{8}$. — Elle est beaucoup plus employée que la précédente. L'*unité de temps* dans cette mesure est la *croche*, l'*unité de mesure*, la *noire pointée*. La double croche n'y représente, par conséquent, qu'un demi-temps. Le soupir y vaut deux temps ; le demi-soupir, un temps.

Exercices sur la mesure à $\frac{3}{8}$.

Les morceaux à $\frac{3}{8}$ sont généralement d'un mouvement vif ; aussi presque toujours indique-t-on le mouvement au métronome, non pour l'unité de temps, la croche, mais pour l'unité de mesure, la noire pointée.

Très souvent aussi, pour les rythmes à $\frac{3}{8}$, on se contente, en battant la mesure, d'indiquer le premier temps. C'est ce que l'on fait aussi pour la valse dans la mesure à $\frac{3}{4}$.

Le motif suivant est un air de danse espagnole (*boléro*). On remarquera l'effet produit par le rythme pourtant très simple et peu varié de ce morceau. Il conviendra de bien accentuer le premier temps de chaque mesure.

20e LEÇON

La division ternaire. — Mesure à $\frac{6}{8}$.

Les mesures où le temps se divise en *trois parties* d'égale durée s'appellent mesures *ternaires* ou mesures *composées*, par opposition aux mesures *binaires* ou *simples*, qui sont celles que nous avons précédemment étudiées et où le temps ne peut se diviser qu'en *deux* ou *quatre* parties égales.

Dans les mesures *ternaires* on prend presque toujours maintenant, pour unité de temps, la noire pointée qui, comme nous le savons, équivaut à trois croches.

La mesure ternaire à deux temps, presque seule usitée aujourd'hui, est la mesure à $\frac{6}{8}$ (lisez *six-huit*). Chaque mesure comprend *six huitièmes de ronde*, c'est-à-dire *six croches*, ou des valeurs équivalentes à six croches.

Dans les morceaux à $\frac{6}{8}$, chaque mesure, comme on peut le voir par l'exercice suivant, peut se diviser en deux mesures à $\frac{3}{8}$. Il ne faudrait pas pourtant, comme on le fait parfois à tort, battre deux mesures à $\frac{3}{8}$ pour chaque mesure à $\frac{6}{8}$, parce qu'alors les temps deviennent également forts et le morceau perd de son caractère. La mesure à $\frac{6}{8}$ doit toujours se battre à deux temps, exactement comme la mesure à $\frac{2}{4}$.

Exercices sur la mesure à $\frac{6}{8}$.

Allegretto. ♩.=100
Nº 56
f
p
f
f

Allegretto.
Nº 57
mf
p
Cresc.
mf

21e LEÇON

Les mesures à $\frac{9}{8}$ et à $\frac{12}{8}$. — Le triolet. — Le sextolet. — Le duolet.

La seule mesure ternaire à *trois temps* aujourd'hui usitée est la mesure à $\frac{9}{8}$ (lisez *neuf-huit*), qui comprend *neuf huitièmes de ronde*, soit *neuf croches*, ou des valeurs équivalentes à neuf croches.

Exercice sur la mesure à $\frac{9}{8}$.

La seule mesure ternaire à *quatre temps* aujourd'hui usitée est la mesure à $\frac{12}{8}$ (lisez *douze-huit*), qui comprend *douze huitièmes de ronde*, soit *douze croches*, ou des valeurs équivalentes à douze croches.

Exercice sur la mesure à $\frac{12}{8}$.

Le triolet. — Il peut arriver que dans les mesures simples à $\frac{2}{4}$, $\frac{3}{4}$ ou C, on emploie la croche ou le demi-soupir pour représenter *un tiers de temps*, au lieu d'un demi-temps, et la noire pour représenter *deux tiers de temps*. Au-dessus ou au-dessous du groupe de signes qui représentent un temps, on met alors le chiffre 3 et à l'ensemble on donne le nom de *triolet*.

Le triolet peut donc se définir une *division ternaire accidentelle dans les mesures simples*.

Voici un exemple de triolet :

L'union en un seul groupe d'un double triolet s'appelle *sextolet*.

Le duolet. — Il arrive aussi, mais plus rarement, que l'on emploie accidentellement la division binaire dans une mesure composée ou ternaire. On a alors le *duolet*, que l'on indique par le chiffre 2. La transcription à $\frac{6}{8}$ du motif précédent offre, au deuxième temps de l'avant-dernière mesure, un exemple de duolet.

Exercice sur les triolets.

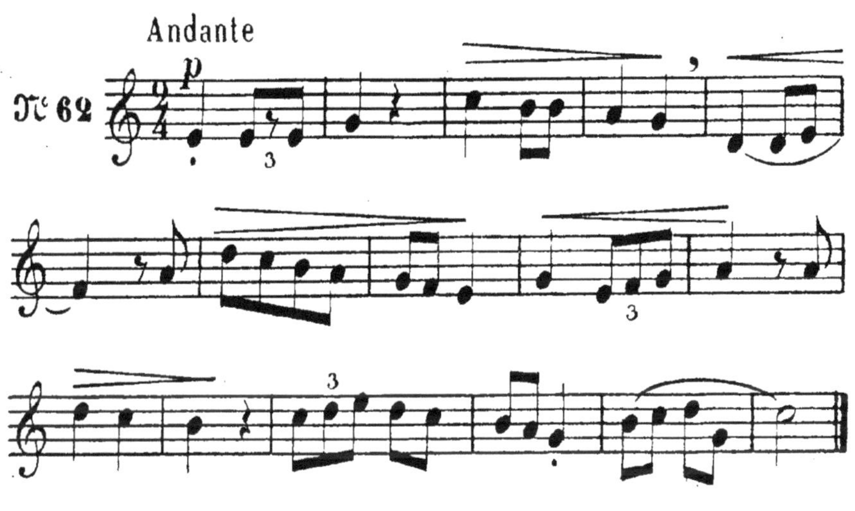

22e LEÇON

La syncope et le contre-temps.

Nous avons vu précédemment que, dans une me ure, il y a des temps forts et des temps faibles. Les différentes divisions d'un temps ne sont pas non plus chantées avec la même force : la première partie d'un temps est en effet, attaquée avec plus de vigueur que les autres.

Deux effets de rythme sont assez fréquemment employés dans la musique, particulièrement la musique instrumentale : ce sont la *syncope* et le *contre-temps*.

On dit qu'il y a *syncope* toutes les fois qu'un son attaqué sur un temps faible se prolonge sur un temps fort ; ou bien qu'un son commencé sur une partie faible d'un temps se prolonge sur la partie forte du temps suivant.

La phrase suivante offre un exemple de syncope à la première et à la troisième mesure.

Il y a *contre-temps* toutes les fois qu'un son attaqué sur un temps faible ou une partie faible de temps se termine brusquement, le temps, ou la première partie du temps suivant, étant rempli par un silence.

La phrase suivante offre un exemple de contre-temps à la première et à a troisième mesure :

Exercices sur les syncopes et les contre-temps.

23e LEÇON

Les signes d'altération.

Entre les sons de la gamme distants d'un ton, par conséquent entre le *do* et le *ré;* le *ré* et le *mi;* le *fa* et le *sol;* le *sol* et le *la;* le *la* et le *si*, on place, à égale distance de l'un et de l'autre, un son intermédiaire que l'on considère comme étant le son grave de chacun de ces intervalles *haussé* d'un *demi-ton*, ou le son aigu *baissé* d'un *demi-ton*.

Pour indiquer qu'un son est *élevé* d'un demi-ton, on emploie ce signe ♯, que l'on appelle *dièse ;* et pour indiquer qu'un son est *baissé* d'un demi-ton, cet autre signe ♭, que l'on nomme *bémol.*

Les sons intermédiaires s'appellent *do dièse ; ré dièse ; fa dièse*, etc., ou encore *ré bémol, mi bémol, sol bémol*, etc.

Les signes ♯ et ♭, que l'on rencontre dans le courant d'un morceau, font sentir leur effet, non seulement sur la note devant laquelle ils sont placés, mais encore sur toutes les notes du même nom qui sont dans la même mesure.

Pour rétablir dans son ton naturel une note altérée par un dièse ou par un bémol, on emploie un troisième signe ♮, que l'on nomme *bécarre.*

Les *dièses*, les *bémols* et les *bécarres* sont appelés signes *d'altération.*

Une note déjà diésée peut être élevée d'un demi-ton encore par un *double dièse* (✕), et une note déjà bémolisée peut être également baissée d'un autre demi-ton par un *double bémol* ( ).

Exercices sur les notes diésées.

Exercices sur les notes bémolisées.

Allegretto.

Nº 67

Allegretto.

Nº 68

24e LEÇON

Le mode mineur.

Il y a une autre manière de chanter la gamme que celle que nous avons adoptée jusqu'ici : au lieu de commencer par le *do*, on commence par le *la* et on continue jusqu'à l'octave de cette même note.

Le *la* devient ainsi *tonique*, le *si*, *sus-tonique*, le *do*, *médiante*, le *ré*, *sous-dominante*, le *mi*, *dominante*, le *fa*, *sus-dominante* et le *sol*, *sous-tonique* ou *note sensible*, lorsqu'il est altéré par un dièse, *note sensible*.

Cette manière, cet autre *mode* de chanter la gamme constitue ce que l'on appelle le *mode mineur*, par opposition à la première manière, qui est le *mode majeur*.

Nous donnons ci-dessous la formule de la *gamme majeure* et la formule de la *gamme mineure*, et nous allons comparer ces deux gammes.

On a vu (8e Leçon) que l'on appelle intervalle de *tierce* un intervalle composé de trois degrés, et intervalle de *sixte*, un intervalle de six degrés.

Comme exemple d'intervalles de tierce, nous avons donné :

et comme exemple d'intervalles de sixte :

Mais ni ces deux tierces ni ces deux sixtes ne sont égales. Du *do* au *mi*, il y a *deux tons*, tandis que du *la* au *do*, il y a *un ton* et un *demi-ton*. De même pour les sixtes : du *do* au *la*, on compte *quatre* tons et un *demi-ton* ; du *la* au *fa*, *trois* tons et deux *demi-tons*.

On a donc dû donner des noms différents à ces deux sortes de *tierce* et de *sixte*. La première tierce est dite *majeure ;* la seconde, *mineure*. La première sixte est dite *majeure ;* la seconde, *mineure*.

Dans la gamme *majeure* l'intervalle de *tierce*, de la tonique à la médiante, et l'intervalle de *sixte*, de la tonique à la sus-dominante, sont *majeurs*. Dans la gamme *mineure*, au contraire, ces mêmes intervalles sont *mineurs ;* et c'est là précisément ce qui caractérise ces deux modes. C'est aussi ce qui leur a valu leurs noms.

Exercices sur la gamme mineure. Degrés conjoints.

L'accord parfait formé par la réunion de la *tonique*, de la *médiante* et de la *dominante* de la gamme mineure, s'appelle l'accord parfait de *la mineur*. Il diffère de l'accord parfait construit avec les mêmes degrés de la gamme majeure, dit accord parfait de *do majeur* : en effet, dans ce dernier accord la première *tierce* est *majeure* et l'autre *mineure;* dans l'accord parfait mineur, au contraire, c'est la première *tierce* qui est *mineure* et la seconde tierce *majeure*.

Par conséquent, l'accord parfait mineur ne donne pas le même air que l'accord parfait majeur, et, comme cet accord revient fréquemment dans un morceau, il servira aussi à caractériser la tonalité mineure.

Exercice sur l'accord parfait mineur.

25e LEÇON

Le mode mineur (suite).

FORMULE MODERNE DE LA GAMME MINEURE. — Nous avons vu dans la 10e leçon que la note sensible *si*, de la gamme majeure, a une tendance à monter à la tonique *do*. De même, dans la gamme mineure, la note sensible *sol* tend à monter au *la*, et par conséquent à se rapprocher le plus possible de cette note. C'est pourquoi, depuis le XVIe siècle, on a coutume de diése. la sensible *sol* dans le mode mineur. La gamme mineure devient alors :

que l'on pourra aussi chanter sous cette forme :

Les autres degrés de la gamme mineure ont également la même propriété que ceux de la gamme majeure. (Voir 10e Leçon).

Aussi est-il bon de se familiariser avec cette formule :

C'est à quoi tendent les exercices suivants :

N° 74

Le mode mineur a quelque chose de triste, de mélancolique. Même avec un rythme enlevant comme dans les danses, les airs en mineur conservent ce caractère. On s'en rendra compte par l'exécution des morceaux suivants :

Allegro.

N° 75

mf

f

p

♩. = 100

N° 76

mf

26e LEÇON

Le ton de *sol* majeur et le ton de *mi* mineur.

Constitution de la gamme de *sol* majeur. — On peut prendre pour ton de la première note de la gamme majeure ou mineure une note quelconque. Mais pour que les divers degrés qui se succèdent dans la gamme de *do* majeur conservent leurs distances respectives, il est nécessaire, si l'on commence une gamme majeure par une autre note que le *do*, et une gamme mineure par une autre note que le *la*, d'employer des dièses ou des bémols.

Si nous prenons *sol* comme point de départ d'une nouvelle gamme majeure, nous remarquons, en effet, que la succession des notes ne donne pas le même air que la gamme de *do* majeur, et cela, parce qu'entre le sixième et le septième degré de la gamme, il y a un demi-ton, et qu'entre

le septième degré et le huitième, il y a un ton, tandis que dans la gamme de *do* majeur, il y a un ton entre le sixième et le septième degré, t un demi-ton entre le septième et le huitième. Mais haussons par un d èse le *fa*, et nous obtenons alors une gamme en tout semblable à celle de *do* majeur, sauf qu'elle sera plus élevée. Voici cette gamme :

On l'appelle gamme de *sol majeur*. Les morceaux composés avec cette gamme sont dits en *sol majeur* ou dans le *ton* de *sol majeur*.

Le dièse qui sert à la constituer s'appelle *dièse constitutif*, par opposition aux autres dièses que l'on appelle *dièses accidentels.*

Les dièses constitutifs s'écrivent au commencement de chaque portée, et il est entendu qu'ils font sentir leur effet sur toute l'étendue du morceau, à moins que cet effet ne soit accidentellement détruit par un bécarre.

CONSTITUTION DE LA GAMME DE *mi* MINEUR. — Si l'on chante la gamme précédente en commençant par le *mi*, et que l'on élève d'un demi-ton le *ré*, on obtient la gamme de *mi mineur*, dont voici la formule :

Deux tons constitués avec les mêmes signes d'altération à la clef — la même *armature*— sont dits *relatifs*. Le ton de *sol majeur* a pour ton relatif *mi mineur*, et réciproquement. Les tons de *do majeur* et de *la mineur* sont aussi des *tons relatifs*. On remarquera que deux tons relatifs sont toujours distants d'une *tierce mineure*.

Exercices en *sol* majeur.

Exercices en *mi* mineur.

Nº 81
LA GAMME ET
L'ACCORD PARFAIT

Allegretto.

Nº 82

f

Espressivo.

Rall

Iº Tempo.

Andante.

Nº 83

p

f

p

Rall. Iº Tempo. *Rall.*

27e LEÇON

Le ton de *ré* majeur et le ton de *si* mineur.

En chantant, à partir du *ré*, toutes les notes de la gamme de *sol* majeur, et en élevant le *do* d'un demi-ton, on forme la gamme de *ré majeur*.

Le ton de *ré majeur* a donc pour signes constitutifs deux dièses: *fa* et *do*.

Il a pour relatif le ton de *si mineur*.

Voici les gammes de *ré majeur* et de *si mineur*.

Exercices en *ré* majeur.

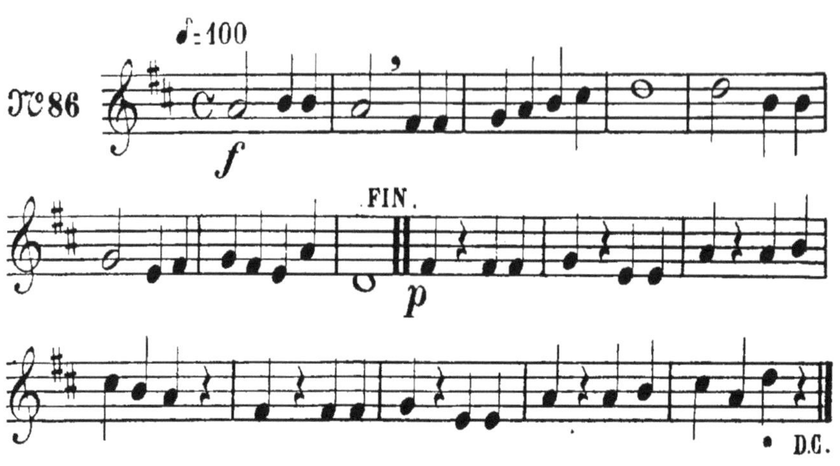

Exercices en *si* mineur.

No 87
LA GAMME ET
L'ACCORD PARFAIT

♩= 120

No 88

mf

p

28e LEÇON

Le ton de *la* majeur et le ton de *fa* dièse mineur. — Autres tons en dièses.

En chantant, à partir du *la*, toutes les notes de la gamme de *ré* majeur, et en élevant le *sol* d'un demi-ton, on forme la gamme de *la majeur*.

Le ton de *la majeur* a donc pour signes constitutifs trois dièses : *fa, do* et *sol*.

Il a pour relatif le ton de *fa dièse mineur*.

Voici les gammes de *la majeur* et de *fa dièse mineur*.

Exercices en *la* majeur.

N° 91

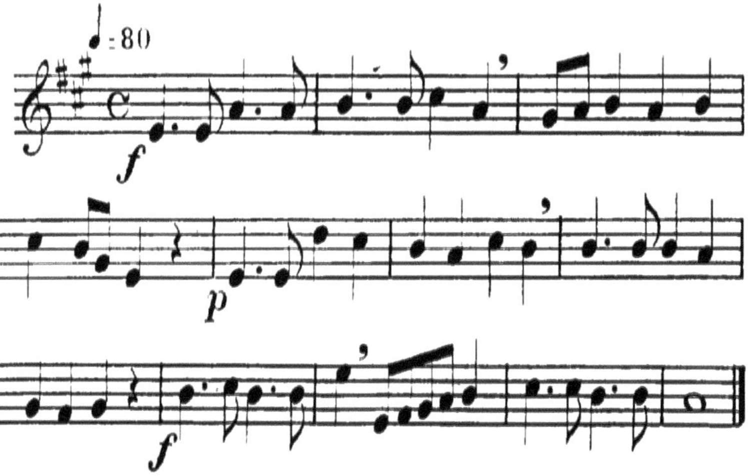
♩ : 80
f
p
f

N° 92

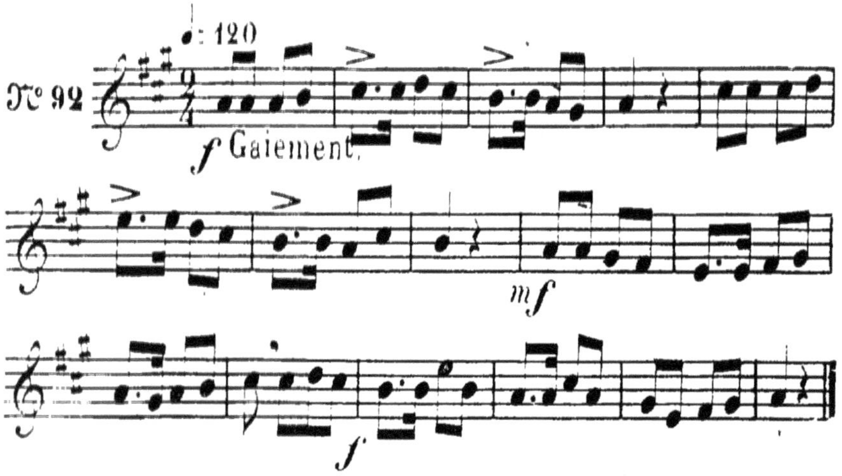
♩ : 120
f Gaiement.
mf
f

Exercices en *fa dièse* mineur.

N° 93
LA GAMME ET
L'ACCORD PARFAIT

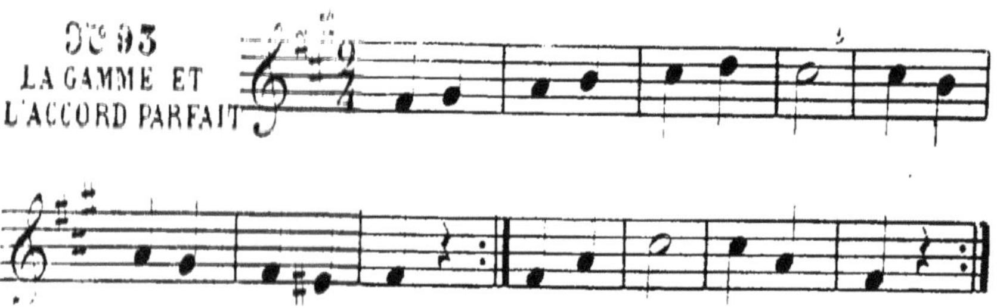

♩ = 144
Nº 94
mf
f
p
♩ = 120
Nº 95
p
FIN.
mf
D.C.

Autres tons majeurs et mineurs en dièses. — En continuant à diéser les notes de la gamme de quinte en quinte en montant à partir du *fa*, c'est-à-dire dans l'ordre suivant : *fa, do, sol, ré, la, mi, si,* on obtient — après les tonalités majeures de *sol, ré* et *la*, et les tonalités mineures de *mi, si* et *fa dièse*, que nous venons d'étudier — les tons majeurs et les tons mineurs ci-après :

1° Le ton de *mi majeur*, qui a pour ton relatif *do dièse mineur* (*armature :* 4 dièses à la clef).

2° Le ton de *si majeur*, qui a pour ton relatif *sol dièse mineur* (*armature :* 5 dièses à la clef).

3° Le ton de *fa dièse majeur*, qui a pour ton relatif *ré dièse mineur* (*armature :* 6 dièses à la clef).

4° Le ton de *do dièse majeur*, qui a pour ton relatif *la dièse mineur* (*armature :* 7 dièses à la clef).

Il convient, dans les trois gammes mineures de *sol dièse*, *ré dièse* et *la dièse*, de remarquer l'emploi du *double dièse*, qui élève d'un second demi-ton la note *sensible* déjà diésée.

29e LEÇON

Le ton de *fa* majeur et le ton de *ré* mineur.

CONSTITUTION DE LA GAMME DE *fa* MAJEUR. — Les gammes en *bémols* s'établissent avec les mêmes procédés que les gammes en dièses. Si l'on place les unes à la suite des autres, du *fa* grave au *fa* aigu, les notes de la gamme de *do* majeur, on remarquera que cette succession de notes ne diffère de cette même gamme que par la position du premier demi-ton qui, au lieu d'être entre le deuxième et le troisième degré, se trouve entre le troisième et le quatrième. Mais baissons d'un demi-ton, à l'aide du bémol, ce quatrième degré (*si*), et nous aurons alors une gamme toute semblable à la gamme-type, sauf qu'elle sera plus élevée.

Cette gamme est celle de *fa majeur*. Le ton relatif de *fa majeur* est *ré mineur :* tous deux ont pour signe constitutif le *si bémol*.

Voici les gammes de *fa majeur* et de *ré mineur*.

Exercices en *fa* majeur.

T°. di marcia ♩= 120

N° 97

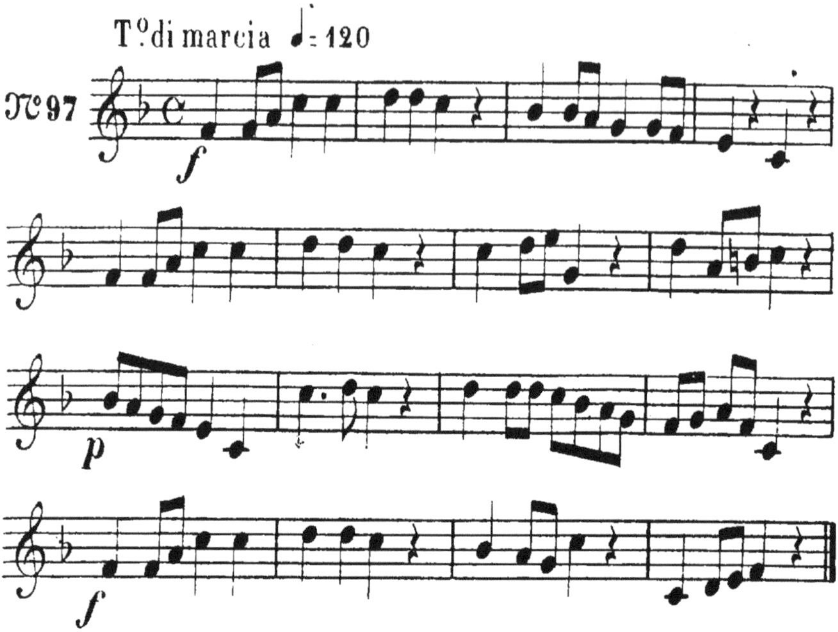

f

p

f

Andante.

N° 98

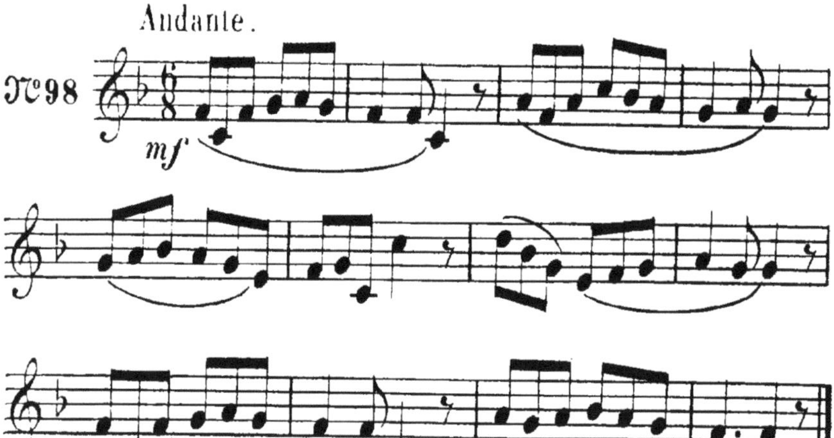

mf

p

Exercices en *ré* mineur.

Le morceau suivant est écrit avec l'ancienne gamme de *ré mineur*, où le *do* n'était pas diésé, pas plus que le *sol* dans la gamme mineure de *la*, le *ré* dans la gamme mineure de *mi*, etc.

30e LEÇON

Le ton de *si* bémol majeur et le ton de *sol* mineur.

En chantant, à partir du *si* ♭, toutes les notes de la gamme de *fa*, et en baissant le *mi* d'un demi-ton, à l'aide du bémol, on forme la gamme de *si* ♭ *majeur*.

Le ton de *si ♭ majeur* a donc pour signes constitutifs deux bémols : *si* et *mi.*

Il a pour relatif le ton de *sol mineur.*

Nous donnons ci-dessous, sous forme d'exercices mesurés, les gammes de *si ♭ majeur* et de *sol mineur,* ainsi que les accords parfaits des mêmes tons :

Exercice en *si* ♭ majeur.

Exercice en *si* ♭ majeur, avec modulation en *sol* mineur dans la 2e reprise.

Exercice en *sol* mineur.

31e LEÇON

Le ton de *mi* bémol majeur et le ton de *do* mineur. — Autres tons en bémols.

En chantant, à partir du *mi* ♭, toutes les notes de la gamme de *si* ♭, et en baissant le *la* d'un demi-ton, à l'aide du bémol, on forme la gamme de *mi* ♭ *majeur*.

Le ton de *mi* ♭ *majeur* a donc pour signes constitutifs trois bémols : *si*, *mi* et *la*.

Il a pour relatif le ton de *do mineur*.

Nous donnons ci-dessous, en exercices mesurés, les gammes de *mi* ♭ *majeur* et *do mineur*, avec les accords parfaits des mêmes tons.

Exercices en *mi* ♭ majeur.

Exercice en *do* mineur.

Autres tons majeurs et mineurs en bémols. — En continuant à bémoliser toutes les notes de la gamme de quarte en quarte en montant à partir du *si*, c'est-à-dire dans l'ordre suivant : *si, mi, la, ré, sol, do, fa,* on obtient — après les tonalités majeures et mineures que nous venons d'étudier (*fa, si bémol* et *mi bémol* majeur ; *ré, sol* et *do mineur*) — les tons majeurs et les tons mineurs ci-après :

1º Le ton de *la bémol majeur,* qui a pour ton relatif *fa mineur* (*armature :* 4 bémols à la clef).

2º Le ton de *ré bémol majeur,* qui a pour ton relatif *si bémol mineur* (*armature :* 5 bémols à la clef).

3° Le ton de *sol bémol majeur,* qui a pour ton relatif *mi bémol mineur* (*armature :* 6 bémols à la clef).

4° Le ton de *do bémol majeur,* qui a pour ton relatif *la bémol mineur* (*armature :* 7 bémols à la clef).

On remarquera, dans les quatre gammes mineures ci-dessus, que la note *sensible,* déjà bémolisée, est élevée d'un demi-ton par un bécarre.

32e LEÇON

Genre diatonique, genre chromatique, genre enharmonique. — Tétracorde. — Tons voisins. — Modulations. — Tonalité d'un morceau.

Gammes diatoniques. — On a vu que les gammes, majeures ou mineures, prennent le nom de la note tonique par laquelle elles commencent.

Celles qui procèdent par tons et demi-tons successifs, c'est-à-dire qui ont leurs *cinq tons* et leurs *deux demi-tons* disposés comme dans la gamme modèle de *do* majeur, sont appelées *gammes diatoniques majeures.*

De même, celles qui ont leurs tons et leurs demi-tons disposés comme dans la gamme modèle de *la* mineur, sont appelées *gammes diatoniques mineures.*

Gammes chromatiques. — Quand une gamme procède par demi-tons successifs, et que chacun des tons qui s'y trouvent est divisé en deux demi-tons par un accident, on l'appelle *gamme chromatique.* Elle a, dans ce cas, *treize* notes au lieu de huit :

Exemple :

Gamme chromatique ascendante.

Gamme chromatique descendante.

Demi-tons diatoniques ou chromatiques. — Les demi-tons eux-mêmes sont *diatoniques* ou *chromatiques.*

On les appelle *diatoniques* lorsqu'ils sont compris entre deux notes qui portent un nom différent, par exemple entre *mi* et *fa, si* et *do, fa dièse* et *sol.*

On les appelle *chromatiques* lorsqu'ils sont compris entre deux notes qui portent le même nom, mais dont l'une est diésée ou bémolisée, par exemple entre *sol* et *sol dièse, si* et *si bémol, fa dièse* et *fa.*

Genre enharmonique. — Le genre *enharmonique* est une modulation où les notes ne changent que de nom sans changer d'intonation sensible, — par exemple, la transformation du *fa dièse* en *sol bémol,* celle du *do dièse* en *ré bémol.*

Il existe cependant ici, entre la note diésée et la note bémolisée, un intervalle appelé *comma,* que peuvent rendre certains instruments à cordes, comme le violon et le violoncelle, mais qui est presque inappréciable à l'oreille.

Le *comma* est d'ailleurs la 9e partie d'un ton.

TÉTRACORDE. — Le *tétracorde* est une série de quatre sons consécutifs, qui comprennent deux tons et un demi-ton.

Toute gamme majeure se compose de deux tétracordes semblables séparés par un ton.

Les gammes majeures s'enchaînent par tétracordes. Le deuxième tétracorde d'une gamme quelconque devient le premier tétracorde de la gamme suivante avec *un dièse de plus* ou *un bémol de moins* à la clef.

TONS VOISINS. — MODULATIONS. — Les *tons voisins*, qu'il ne faut pas confondre avec les tons relatifs mineurs, sont ceux qui, dans les *modulations*,—c'est-à-dire dans les changements de ton ou de mode qui surviennent au cours d'un morceau, — se rapprochent le plus du ton primitif de la mélodie, soit par une armature augmentée ou diminuée d'un seul accident, soit par une tonique commune.

Ainsi, le ton de *sol* majeur, avec un dièse à la clef, aura pour tons voisins, à la quinte au-dessus, le ton de *ré* majeur, qui a deux dièses, et, à la quinte au-dessous, le ton de *do* majeur, qui n'a aucun accident à la clef.

Le ton de *sol* majeur et le ton de *sol* mineur (deux bémols à la clef), qui ont la même tonique, sont encore des tons voisins.

DÉTERMINATION DE LA TONALITÉ D'UN MORCEAU. — Il est indispensable de savoir quelle est l'armature en dièses ou en bémols qui convient à une tonalité donnée ; et, réciproquement, l'armature d'une clef étant donnée, quelles sont les tonalités majeures et mineures auxquelles cette armature se rapporte.

Voici le procédé que l'on suit généralement pour cela :

Quand la clef est armée de dièses, la dernière note diésée est la sensible du ton majeur auquel l'armature s'applique ; et, par conséquent, pour avoir la tonique, il suffit d'élever d'un demi-ton la dernière note diésée.

Quand la clef est armée de bémols, l'avant-dernière note bémolisée est la tonique du ton majeur auquel l'armature s'applique.

La tonique du ton majeur étant déterminée, on trouvera la tonique du ton mineur relatif en descendant d'une tierce mineure.

Il restera ensuite à déterminer si le morceau est écrit dans le mode majeur ou dans le mode mineur. On y arrivera en examinant :

1° La note finale : presque toujours, — sauf dans les parties d'accompagnement, — cette finale est la tonique du morceau ;

2° Quelles sont les notes qui reviennent le plus fréquemment dans le morceau et qui marquent les repos : ces notes sont nécessairement celles de l'accord parfait ;

3° Si la dominante du ton majeur est élevée accidentellement d'un demi-ton, soit par un dièse, soit par un bécarre : cette altération annonce généralement que le morceau est dans le mode mineur ;

4° Si la première tierce qu'on rencontre est majeure (deux tons) ou si elle est mineure (un ton et un demi-ton) : dans le premier cas, le morceau est le plus souvent en majeur ; dans le second cas, il est en mineur.

Le caractère général du morceau donnera enfin une indication précieuse : triste, mélancolique, langoureux, comme nous l'avons dit déjà (25e Leçon), il est en mode mineur ; vigoureux, brillant, entraînant, il est plutôt en mode majeur.

DEUXIÈME PARTIE

CHANTS

« On ne travaille bien que dans la joie. » (MICHELET.

Aux Écoliers de France.

Paroles et Musique de Gustave FAUTRAS.

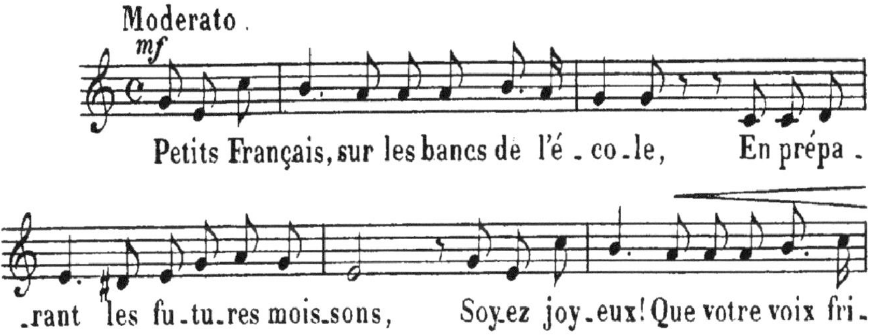

mp
-vo - le Fas-se vi - brer de gen-til-les chan-sons! Tout au bon-
mf
-heur, votre âge est sans a - lar - me; La gaî - té
mp
luit dans l'azur de vos yeux. Instrui-sez-vous sans verser u-ne
mf
lar - me, Et ga-zouil-lez sous le ciel ra - di - eux.

Allegretto.
REFRAIN
f
Chan - tez, — ô chers en-fants! Ouvrez vos
mf
cœurs — aux al-lé - gres - ses, Et mar-chez, con-fi-ants,
f
Vers l'a - ve - nir, plein de pro - mes - ses, Et mar-
Rit.
-chez, con-fi-ants, Vers l'a-ve-nir, plein de pro - mes - ses.

II

Dans vos ébats, chassez tout air morose
Qui troublerait la douceur de vos traits.
Quand, au printemps, s'épanouit la rose,
Rien ne doit nuire à ses brillants attraits.
Le jeu succède au labeur de l'étude :
Avec entrain, profitez du loisir.
La tâche faite, — et souvent elle est rude, —
Sautez, riez, acclamez le plaisir.

REFRAIN

Jouez, ô chers enfants !
Dansez en rond d'un pas alerte,
Et courez, par les champs, } *bis*
Cueillir les fleurs dans l'herbe verte. }

III

Ne croyez point qu'il vous faille un front sombre
Pour être bons, tolérants, vertueux.
L'hypocrisie ici-bas cherche l'ombre ;
La loyauté, les rayons lumineux.
Ayez au cœur cette fierté courtoise
Qui n'exclut pas le regard gracieux.
Soyez les fils de la verve gauloise,
Et ne craignez que la chute des cieux.

REFRAIN

Aimez, ô chers enfants,
Aimez gaîment la belle France,
Et formez, triomphants, } *bis*
Les bataillons de l'Espérance ! }

Je t'Aime, ô France!

Poésie de Martial BESSON.

Musique de Gustave FAUTRAS.

Andantino.

mp

Ton ciel, ô Pa . tri . e, Est un pur sa .

II

Tu veux, ô Patrie,
Qu'on dise de toi :
« Rien ne l'a flétrie ;
« L'honneur fut sa loi.
« Front haut, elle avance,
« Criant : Liberté ! »
Je t'aime, ô France, } *bis*
Pour ta fierté.

III

Mais sais-tu, Patrie,
Ce qui, mieux encor,
Te rend plus chérie ?
Ah! c'est ton cœur d'or,
Par toute souffrance
Si tôt contristé :
Je t'aime, ô France, } *bis*
Pour ta bonté.

Hymne au Printemps.

Poésie de Adolphe VINCENT.

Musique de Gustave FAUTRAS.

Apparaîs sur la plaine immense
Avec ta couronne de fleurs !

II

Printemps fécond, source de vie,
A ton souffle nous tressaillons,
Et la nature inassouvie
T'appelle au creux des noirs sillons.
La misère, sous ses haillons,
Attend qu'une voix la convie
A la félicité ravie!
Viens l'échauffer de tes rayons,
Printemps fécond, source de vie! *bis*

III

Apporte-nous la délivrance,
Roi des parfums et des couleurs!
Apparais sur la plaine immense
Avec ta couronne de fleurs!
Pour mettre un terme à nos douleurs,
Viens ranimer dans la semence
La volonté de l'existence,
Et, souriant à nos malheurs,
Apporte-nous la délivrance! *bis*

Le Matin.

Poésie de François PEYRON.

Musique de M. F.

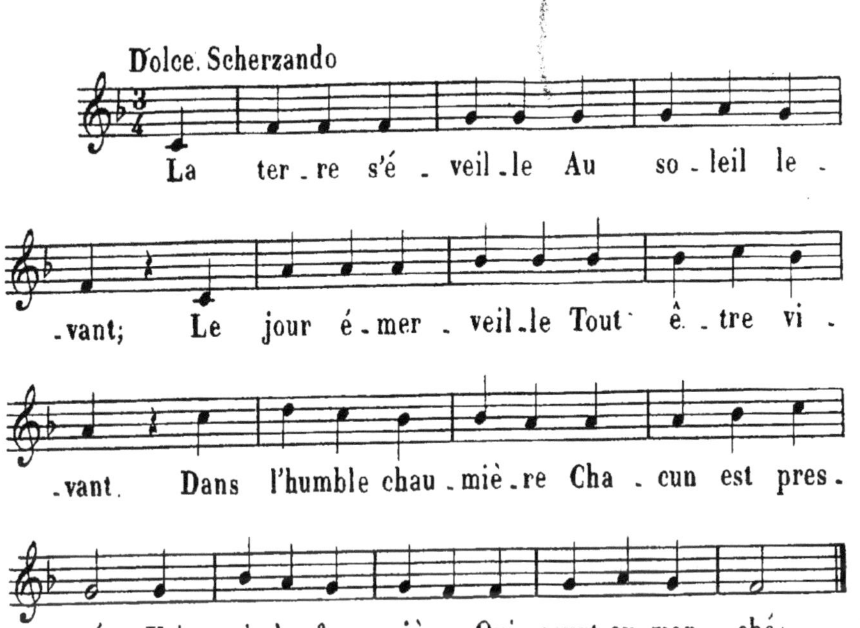

II

Les Alpes sont belles
Sous les feux du jour ;
Les neiges rebelles
Ruissellent autour.
La plaine frissonne
De l'arbre au buisson,
Et le merle entonne
Sa folle chanson.

III

La terre est en fête !
Chantez, laboureurs !
La ville vous jette
Ses vagues rumeurs.
Une aube nouvelle
Partout, à nos yeux,
Au travail rappelle
Un peuple joyeux !

Le Réveil de la Prairie.

♆

Poésie de Martial BESSON.

Musique de Gustave FAUTRAS.

I

Au souffle des brises d'avril,
Toute frileuse, je m'éveille.
Mille ruisseaux au gai babil
Vont chuchotant à mon oreille:
« Trêve au repos ! assez dormir !
« Le Prince Charmant va venir:
« Fais-toi belle pour l'accueillir ! » *bis*

II

J'ouvre alors de partout mes yeux,
Mes scintillantes pâquerettes ;
J'orne mon manteau merveilleux
De boutons d'or, de violettes.
« Chantez, chantez ! » dis-je aux grillons ;
« Volez, volez ! » aux papillons ;
« Que joyeux soient vos tour-
[billons ! » *bis*

III

Et voici le Prince Charmant
Accompagné de sa princesse.
La main dans la main, tendrement,
Ils échangent mainte promesse.
De nos ruisseaux longeant le cours,
Ils refont l'éternel discours
Du printemps, des fleurs, des beaux
[jours ! *bis*

Berceuse.

Poésie de Léon RICHAUD. Musique de Gustave FAUTRAS.

II

L'homme au sable fin, emperlé de rêves,
Passe triomphant;
La blonde Phœbé jette sur les grèves
Des ruisseaux d'argent.
Ferme, mon amour,
Tes yeux pleins de jour. *bis*

III

Près de ton berceau, combien de doux [songes
Eclosent joyeux.
Ton regard si pur fait fuir les men- [songes
Et rêver des cieux.
Ferme, mon amour,
Tes yeux pleins de jour. *bis*

IV

Mignonne, endors-toi, la terre som- [meille
Dans son manteau noir.
Près de ton berceau, ta mère qui veille
Sourit à l'espoir.
Tes yeux pleins de jour,
Clos-les, mon amour. *bis*

Tes yeux pleins de jour
Clos-les, mon amour

Le Moulin à vent.

Poésie de
Martial BESSON.

Musique de
Gustave FAUTRAS.

II

Les meules écrasent le grain;
Meunier, mêle un joyeux refrain
Au gai tictac de la trémie;
Monte les sacs de blé par l'escalier [tournant;
D'un gracieux sourire accueille tout [venant;
Veille, en guettant l'accalmie.
Moulin à vent, moulin à vent } bis
A tout vent tourne en rêvant. }

III

Moulin à vent, viendra le jour
Où tu ne seras qu'une tour
Silencieuse et solitaire;
Et don Quichotte alors pourrait, en te [voyant,
S'écrier, grave et fier: « J'ai vaincu le [géant!
Ses deux bras gisent à terre! »
Moulin à vent, moulin à vent; } bis
A tout vent tourne en rêvant. }

Le Pruneau d'Agen.

⚜

Poésie de
P. C.

Musique de
Gustave FAUTRAS.

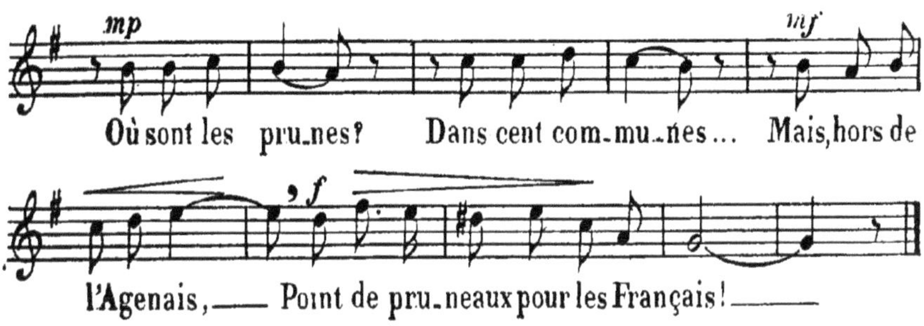

II

Nos succulents pruneaux s'en vont, par tout le monde,
Trôner de table en table ou remplir maint bocal.
Et quand, pour les enfants, la confiture abonde,
Chez nous, c'est un régal.

Refrain

III

Le pruneau met la joie au sein de nos familles;
Il regonfle soudain les maigres boursicauts,
Fait chanter les garçons et s'attifer les filles:
Vivent nos chers pruneaux!

Refrain

REFRAIN

Je suis des bords du Lot,
Le beau pays des prunes!
En août l'on voit un flot
De campagnardes brunes,
De tout jeunes bouviers,
Secouer les pruniers
Où sont les prunes?
Dans cent communes....
Mais, hors de l'Agenais,
Point de pruneaux pour les Français!

Gloire à l'homme des champs!

Poésie de
Martial BESSON.

Musique de
Gustave FAUTRAS.

Je vais confier à la terre
Le grain de blé.

II

La terre maternelle
Couvant ce grain de blé,
A la saison nouvelle
Le rendra centuplé,
Et de la plaine blonde
Jaillira, sous les feux de l'ardent messidor,
Rançon de ma peine féconde,
La gerbe d'or. *bis*

III

La gerbe d'or étale
Sur l'aire son tapis.
Chante de ta voix mâle
La chanson des épis,
Brave homme à mains calleuses !
Qu'au refrain des fléaux fasse écho ton refrain:
Sois fier des moissons glorieuses
D'où sort le pain ! *bis*

Ta Patrie.

⚜

Poésie de
Adolphe VINCENT.

Musique de
Gustave FAUTRAS.

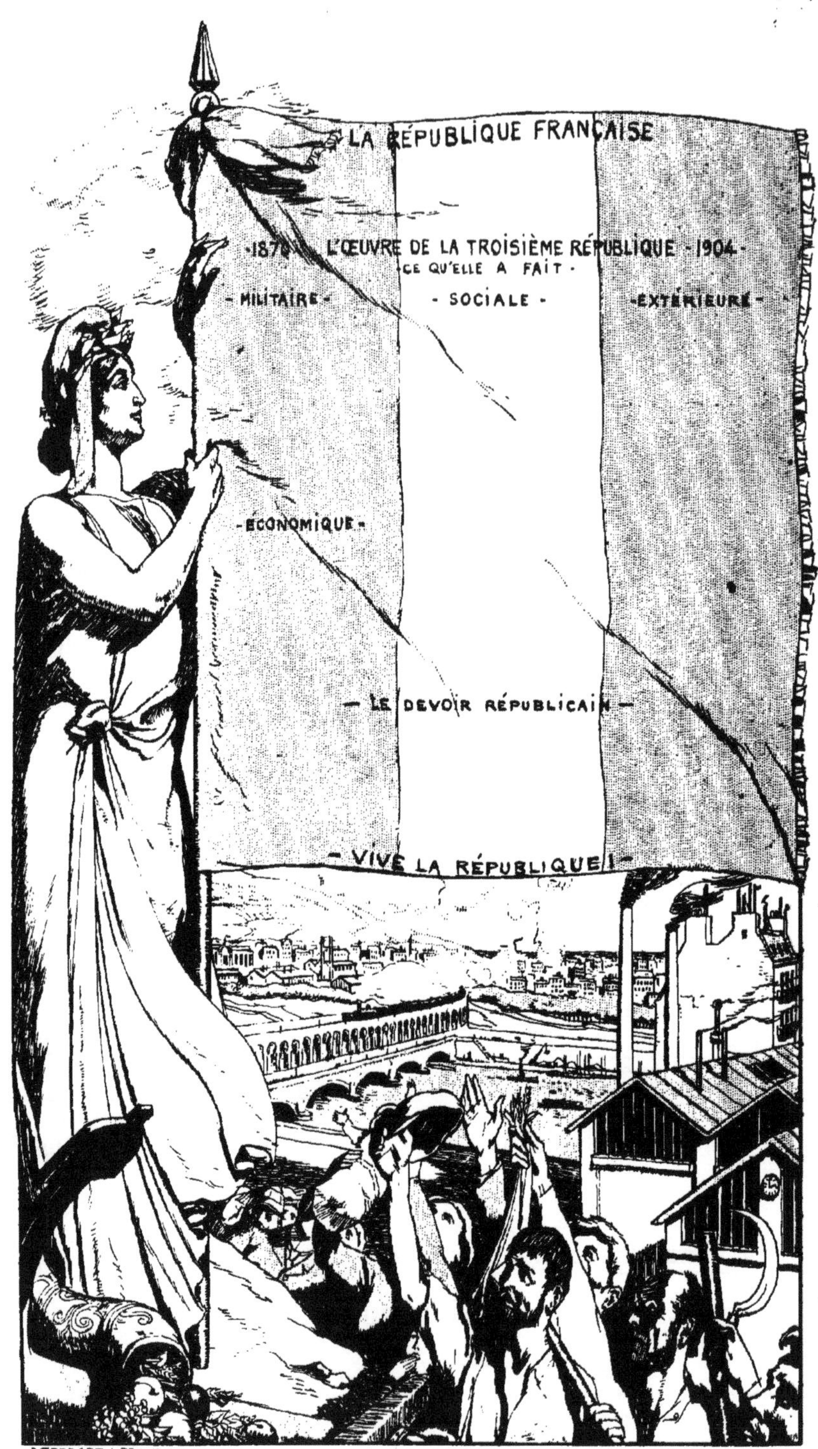

C'est le vaste chantier rempli de travailleurs...

II

Comment se nomme ta patrie?

C'est la pauvre campagne où vivaient mes aïeux ;
Où, dans l'obscurité, ma famille chérie
Travaille, souffre, vit et lutte de son mieux;
Où l'on voit, de l'aube à la brune,
Un peuple plein d'activité
Marcher sous une loi commune,
La loi sainte d'Egalité. *bis*

III

Comment se nomme ta patrie?

C'est le vaste chantier rempli de travailleurs,
La générosité dont leur âme est pétrie,
Et l'effort incessant qui fait nos jours meilleurs!
C'est ton charme, ô terre de France,
Ton ciel, ton azur, ta gaîté,
Pays de sublime espérance
Où naquit la Fraternité! *bis*

Gloire à Paris!

Paroles et Musique de Gustave FAUTRAS.

II

C'est sur ta côte parfumée,
O France, et sous ton ciel d'azur,
Qu'une foule heureuse et charmée
Goûte les bienfaits d'un air pur.
Mais Paris détient le mystère
De l'Intelligence et du Beau,
Et tous les peuples de la terre } *bis*
Y puisent un souffle nouveau.

III

Soutien de l'Idée infinie,
Foyer des lettres et des arts,
Paris consacre le génie ;
Le talent vit de ses égards.
Par lui brillent les destinées
Que guette la postérité,
Et s'affirment les renommées } *bis*
Dont s'honore l'humanité.

IV

Bercé par les flots populaires,
Son vaisseau garde avec fierté
Les apanages séculaires
De noblesse et de liberté.
Son cœur vibre, à toute souffrance,
De pitié, d'élans généreux...
Gloire à Paris, gloire à la France, } *bis*
Phares à jamais radieux !

La Source

Poésie de Martial BESSON.

Musique de Gustave FAUTRAS.

La Source.

Allegretto. T° di Valza.
mp
Je sais, au pied d'un co - teau, Que
re - vêt de son man - teau Un vieux bois de chê -
mf
- nes, Je sais, au pa - ys na - tal, U -
mp
- ne source au pur cris - tal, Où l'on vient pui - ser des
p
fermes pro - chai - nes: Donne à boire aux
f
al - té - rés, Fon - taine aux flots a - zu -
mf
f
- rés! Donne à boi - re, Donne à boire aux al - té -
mp
Rit.
- rés, Fon - taine aux flots a - zu - rés!

II

L'eau jaillit d'un roc moussu :
Un bruit, à peine perçu,
Charme et vous attire.
Oh! le merveilleux décor!
Eglantines, boutons d'or,
Bassin d'émeraude où le ciel se mire!
Donne à boire aux altérés,
Fontaine aux flots azurés! } *bis*

III

J'ai reposé bien souvent
Près des chênes, dont le vent
Frôlait la ramure,
O source, et des jours entiers,
Sous ton berceau d'églantiers,
J'ai prêté l'oreille à ton clair murmure!
Donne à boire aux altérés,
Fontaine aux flots azurés! } *bis*

IV

Quand pour moi viendra le soir,
Source, j'irai te revoir:
Comme en mon enfance,
J'irai dormir sous les bois,
Bercé par ta douce voix,
Et boire à longs traits ton eau de Jouvence!
Donne à boire aux altérés,
Fontaine aux flots azurés! } *bis*

La Chanson du Foyer.

Poésie de Adolphe VINCENT. Musique de Gustave FAUTRAS.

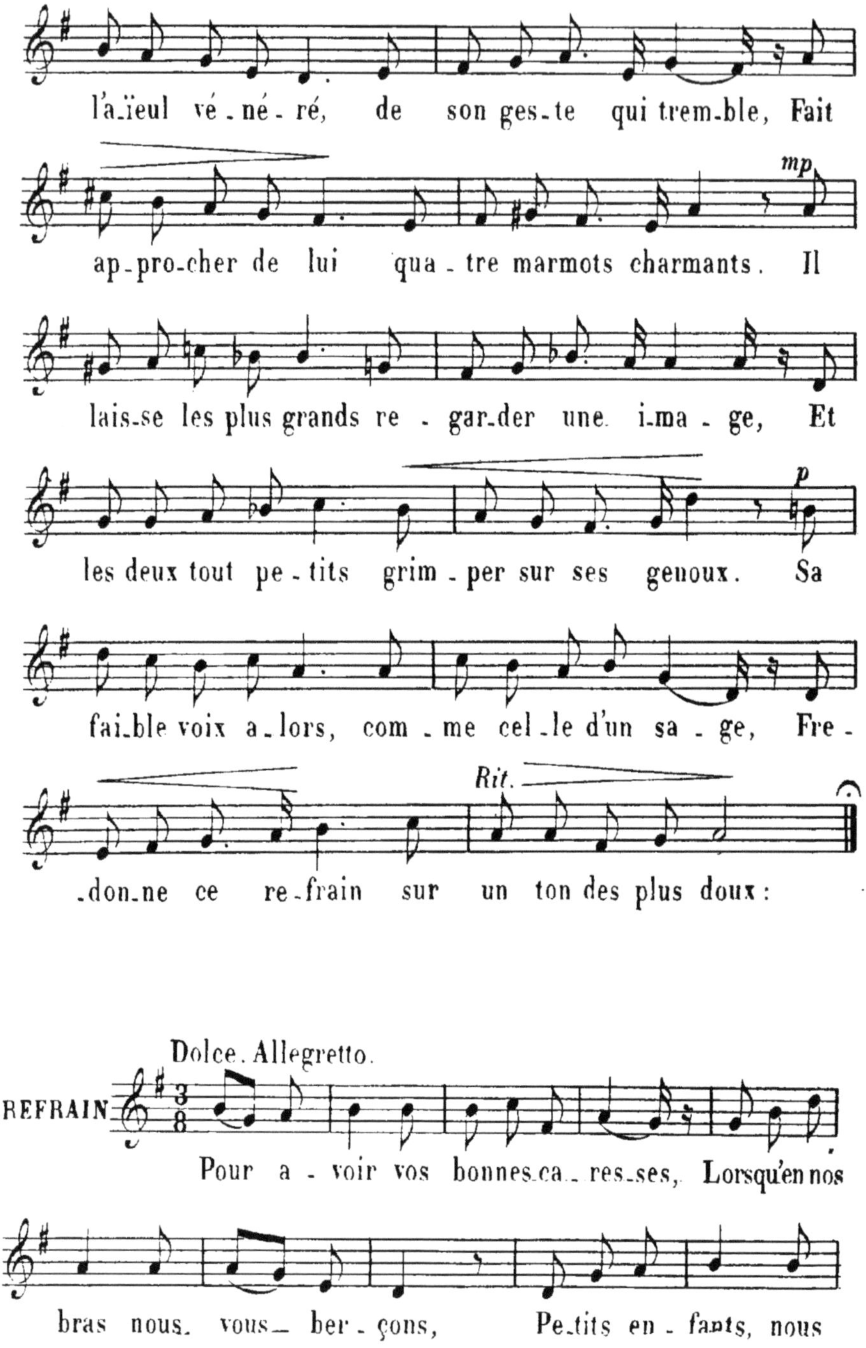

l'a-ïeul vé-né-ré, de son ges-te qui trem-ble, Fait
ap-pro-cher de lui qua-tre marmots charmants. Il
lais-se les plus grands re-gar-der une i-ma-ge, Et
les deux tout pe-tits grim-per sur ses genoux. Sa
fai-ble voix a-lors, com-me cel-le d'un sa-ge, Fre-
-don-ne ce re-frain sur un ton des plus doux:

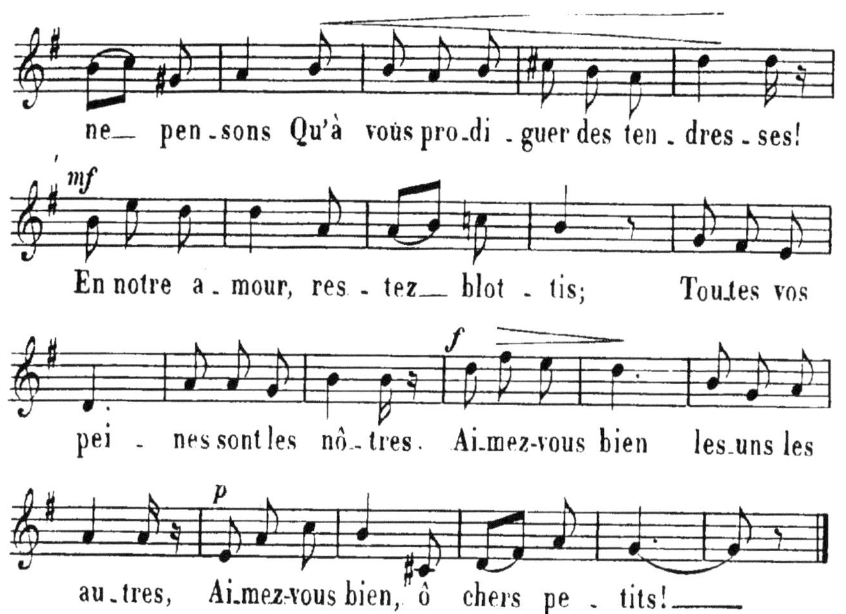

II

C'est au calme foyer que s'apaisent les larmes,
Que, le labeur fini, dans le déclin du jour,
En des épanchements toujours remplis de
[charmes,
Du père si vaillant nous fêtons le retour.
Le logis est coquet, car la main de la mère
A mis un peu de grâce en sa simplicité.
C'est là qu'est le bonheur, loin de toute
[chimère,
Et c'est là que nos cœurs apprennent la bonté.

REFRAIN

Aimez-le, ce foyer tranquille,
Cet abri sûr aux jours voilés,
Où tant de frères désolés
Sont heureux de trouver asile !
Que vos aînés en soient partis,
Que le malheur frappe les vôtres,
Secourez-vous les uns les autres,
Aidez-vous bien, ô chers petits !

III

Et c'est là qu'au milieu des choses tant aimées,
Parmi les êtres chers qu'on aime plus que tout,
On meurt stoïquement, loin des vaines fumées,
Dans l'orgueil d'avoir fait son devoir jusqu'au
[bout !
C'est aussi là qu'enfin, c'est là que, d'âge
En se perpétuant à travers l'avenir, [en âge,
Notre œuvre, nos vertus, bien modeste héri-
[tage,
Seront pour nos enfants le plus beau souvenir !

REFRAIN

Dans la vie, où les brèves heures
Sonnent souvent pour le travail,
Qu'il vous soit doux, votre bercail !
Gardez la paix en vos demeures.
A la justice convertis,
Soyez du Vrai les bons apôtres !
Instruisez-vous les uns les autres,
Pour être heureux, ô chers petits!

La Moisson.

⚜

Poésie de
François PEYRON.

Musique de
M. F.

II

Au flanc des coteaux assoupis,
Coupez, couchez les blonds épis ;
Guerre aux insectes tapis
Dans la grande herbe !
Liez en gerbe
Le blé superbe !

III

Ce grain, que soupèse la main,
Par le moulin broyé demain,
Deviend a farine et pain,
Pain des familles.
Vite aux faucilles,
Garçons et filles !

Maman et Bébé.

Poésie de Martial BESSON.

Musique de Gustave FAUTRAS.

II

Bébé grandit ; tout le charme et l'étonne :
Le feu, Minet, le cheval, le miroir...
Avec sa mère, il babille, il raisonne :
Très curieux, il veut voir et savoir.
Et la maman, des reflets de son âme
Allume en lui le sublime flambeau :
Bébé connaît le Bien, le Mal, le Beau.
Rien n'éteindra cette divine flamme !
Et la maman façonne sa jeune âme.

III

Que cette mère, aimante, dévouée,
Qui t'a nourri de son lait, de son cœur,
Soit à jamais, enfant, par toi louée ;
Qu'il soit béni, son souvenir vainqueur !
Oh ! garde-lui ton plus tendre sourire,
Tes plus doux mots et ton plus grand amour,
A celle qui, veillant la nuit, le jour,
Sécha tes pleurs, s'éjouit de ton rire !
Oh ! garde-lui ton amour, ton sourire

La Chanson des Petits pains.

Poésie de
Adolphe VINCENT.

Musique de
Gustave FAUTRAS.

Ceux qui vont peinant ont droit aux largesses...

II

Petits pains tout ronds, petits pains qu'on vend
Pour un petit sou, lorsque vient l'aurore,
Dites, savez-vous comme il fait du vent
Et comme la bise est méchante encore ?
Les passants vers vous jettent un regard :
Ils vont au travail, ils courent : c'est l'heure !
Et le malheureux qui tremble et qui pleure
Pour vous contempler se met en retard.

III

Jolis petits pains aux gourmets offerts,
Qui souvent trônez sur les tables riches,
Gentiment posés parmi les couverts,
D'écarts généreux ne soyez point chiches !
Le repas du pauvre a bien des défauts :
Ceux qui vont peinant ont droit aux largesses ;
Et quand vous venez chasser leurs tristesses,
Ah ! qu'ils sont heureux, petits pains tout chauds

Les Faucheurs.

Poésie de
Martial BESSON.

Musique de
Gustave FAUTRAS.

II

Une rose lueur surgit à l'horizon,
Et mille diamants parsèment le gazon;
L'alouette, à peine éveillée,
L'aile humide, en chantant, s'élève dans [l'azur;
Les prés embaument, l'air est pur,
La brise rit dans la feuillée.
L'atelier est charmant, si le labeur est [dur!

III

Sous l'acier bleu des faux, — ailes au [sombre vol, —
Les herbes, tristement, inclinent vers le [sol
Leur parure, bientôt flétrie;
Cependant que, ployés, le corps tout [ruisselant,
Les travailleurs, d'un rythme lent,
Sans trêve arpentent la prairie,
Insensibles aux feux d'un soleil acca- [blant.

IV

Après quelques instants d'un bienfaisant repos,
D'un sommeil calme et sain, ils reprennent, dispos,
L'humble tâche qui les réclame;
Et dans l'herbe, âprement, leur œuvre se poursuit,
Jusqu'au moment où brille et luit
Au ciel le rayon de ta flamme,
Astre saint du Berger, doux flambeau de la nuit!

La Grand'Mère au Rouet.

Poésie de
Adolphe VINCENT.

Musique de
Gustave FAUTRAS

II

Ton chant monotone, au fil de la vie,
A vu dévider beaucoup de saisons ;
Mais tu sais combien mon âme est ravie
Quand tu me rapprends mes jeunes chansons !
Tourne lentement, tu deviens fragile.
Ne vois-tu donc pas tes pieds vermoulus ?
Et moi, la grand'mère, autrefois agile,
S'il fallait courir, je ne pourrais plus !

III

Tourne, tourne encor. Mon fuseau demande
A mes bras lassés l'incessant labeur.
Les petits rouets font la maison grande :
Travailler toujours est mon seul bonheur.
Tourne encore, ami. La fileuse chante
Et, tirant le fil, pense à son linceul.
Elle songe aussi que la mort méchante,
En nous séparant, te laissera seul !

Il faut du Pain.

Poésie de
Martial BESSON.

Musique de
Gustave FAUTRAS.

II

Boulanger, bien avant le jour,
Allume le feu dans ton four,
– Sur terre la faim gronde! —
Puis du four, quand il sera chaud,
Va retirer l'ardent réchaud
Et cuis la miche ronde;
Car il faut du pain: il en faut
Pour tout le monde. } *bis*

III

Boulanger, sois compatissant;
Ne refuse point au passant
— Sur terre la faim gronde! —
Une miche de bon pain chaud;
Les pauvres gens rendent là-haut
Ce pain à croûte blonde;
Car il faut du pain: il en faut
A tout le monde. } *bis*

Les Petits Gascons.

Poésie de
P. C.

Musique de
Gustave FAUTRAS.

II

Les petits Gascons aiment leurs écoles;
Ils apprennent vite et sans grands efforts.
Le livre est goûté de ces têtes folles,
Pour le jeu, de même, ils se montrent forts.
On les dit bavards, fanfarons, volages:
On les fait trop noirs... Et s'ils sont jaseurs,
Quelquefois bruyants, quelque peu railleurs,
On les voit aussi bons, gentils et sages.

Refrain

III

Les petits Gascons aiment leur Gascogne,
Ce jardin fécond si vanté partout,
Qu'on peut ardemment aimer sans vergogne,
Chérissant d'ailleurs la France avant tout !
Ils seront un jour des soldats modèles,
De libres esprits, de francs citoyens,
Epris de fierté, d'honnêtes moyens,
Au Devoir sacré constamment fidèles.

Refrain

Rougeaud et Morlet.

Poésie de
Martial BESSON.

Musique de
Gustave FAUTRAS.

II

Rougeaud, Morlet, pressons le pas:
Le temps perdu ne revient pas.
Au vif entrain tout nous invite:
Le ruisseau bondit vers la mer;
L'alouette sillonne l'air,
Criant à ses sœurs: « Vite! Vite! »
Le soleil se hâte là-haut...
Rougeaud, Morlet! Morlet, Rougeaud!

III

Rougeaud, Morlet, toujours gaîment,
Que le ciel soit rude ou clément,
Quoi qu'on dise ou fasse à la ronde,
Défrichons, puis ensemençons,
Et sans cesse recommençons:
Le travail est la loi du monde,
La loi du prince et du rustaud...
Rougeaud, Morlet! Morlet, Rougeaud!

IV

Rougeaud, Morlet, mes vieux amis,
Toujours si doux et si soumis,
C'est là votre dernière tâche:
On vous a vendus au boucher,
Qui viendra demain vous chercher...
Oh! que l'homme est barbare et lâche!...
A l'abattoir allez front haut,
Rougeaud, Morlet! Morlet, Rougeaud!

Marche des Anciens Élèves.

Poésie de
Adolphe VINCENT.

Musique de
Gustave FAUTRAS.

II

Notre bon maître était parfois sévère ;
Mais le fut-il autant qu'il le fallait ?
On l'écoutait d'une oreille légère,
Sans nul souci du temps qui s'écoulait.
Sur nos cahiers, que de caricatures !
C'est, en effet, si beau de s'amuser...
Il faut pourtant ne point en abuser :
Soyons vaillants, et de cœur et d'allures !

REFRAIN

Nous revenons dans le même décor,
Pour écouter la virile parole
Et les leçons d'un modeste Mentor.
Ah ! quel bonheur d'entendre encor } *bis*
Sa voix vibrer dans notre école ! }

III

On aime à rire, à se moquer, peut-être,
Quand d'un duvet la lèvre se noircit,
Mais sans cesser de vénérer son maître,
De partager sa joie et ses soucis.
On sut par lui comment l'indifférence
Des cœurs ingrats trouble souvent les jours ;
Que l'indolence est funeste toujours,
Qu'il faut partout combattre l'ignorance !

REFRAIN

Nous revenons vers le calme foyer,
Comme l'oiseau joyeusement s'envole
Vers le toit gris qu'il ne peut oublier.
Ah ! qu'il est doux de travailler
Sur les vieux bancs de notre école ! } *bis*

IV

Fils résolus de l'Ecole laïque,
Revendiquons ce titre fièrement.
Pour féconder ton œuvre, ô République,
Nous t'apportons tout notre dévoûment !
Grâce à l'aubier qui se soude à l'écorce,
Le chêne altier nargue l'assaut du vent ;
Et l'homme seul est faible bien souvent :
Unissons-nous ! L'union fait la force !

REFRAIN

Nous braverons la sombre adversité
Sous le drapeau que l'étude auréole.
N'avons-nous pas autrefois écouté
L'écho de la Fraternité,
Qui résonnait dans notre école ? } *bis*

V

En la quittant pour entrer dans la vie,
Le cœur est plein de rêves, d'espoirs fous.
Mais la bataille est pour tous infinie :
Le champ s'étend, immense, devant nous.
Il faut s'attendre aux dures rebuffades,
Il faut heurter des pierres en chemin...
En rangs serrés, tenons-nous par la main,
Pour mieux lutter, valeureux camarades !

REFRAIN

En travaillant dans le commun chantier
Où chacun doit se montrer bénévole,
Si nous plions sous le rude métier,
Nous chercherons de l'Amitié
Sur les vieux bancs de notre école ! } *bis*

Chants

Nationaux.

La Marseillaise.

1792

Paroles et Musique de ROUGET de LISLE.

II

Amour sacré de la Patrie,
Conduis, soutiens nos bras vengeurs!
Liberté! Liberté chérie,
Combats avec tes défenseurs! (*bis*)
Sous nos drapeaux, que la Victoire
Accoure à tes mâles accents!
Que tes ennemis expirants
Voient ton triomphe et notre gloire!
Aux armes, citoyens! Formez vos bataillons.
Marchons! (*bis*) Qu'un sang impur abreuve nos sillons!

III

Nous entrerons dans la carrière
Quand nos aînés n'y seront plus:
Nous y trouverons leur poussière
Et la trace de leurs vertus. (*bis*)
Bien moins jaloux de leur survivre
Que de partager leur cercueil,
Nous aurons le sublime orgueil
De les venger ou de les suivre.
Aux armes, citoyens! Formez vos batalllons.
Marchons! (*bis*) Qu'un sang impur abreuve nos sillons!

(*Nous ne jugeons pas utile de reproduire ici les quatre autres strophes de la* Marseillaise, *qui ne sont plus chantées aujourd'hui.*)

Le Chant du Départ.

1794

Paroles de
M. J. CHÉNIER.

Musique de
MÉHUL.

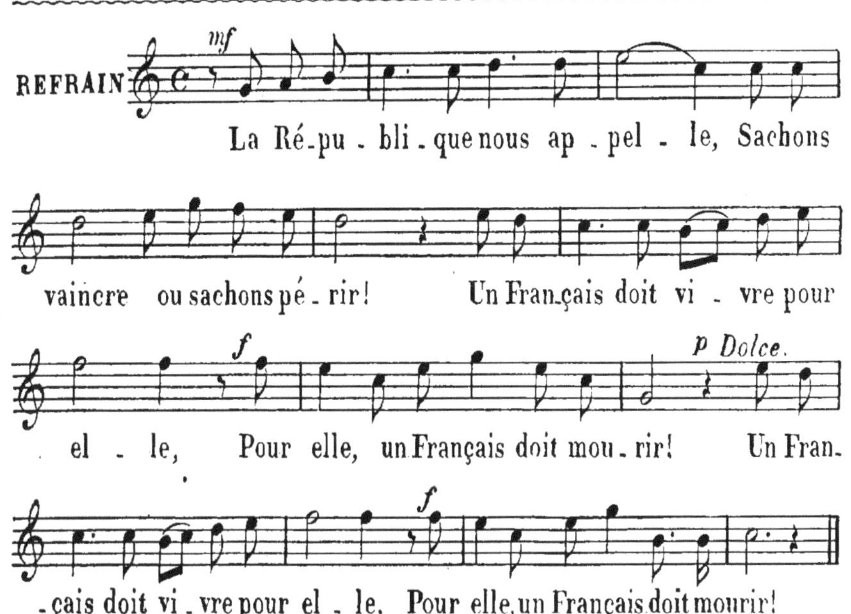

II

Un enfant

De Barra, de Viala, le sort nous fait envie ;
Ils sont morts, mais ils ont vaincu!
Le lâche accablé d'ans n'a point connu la vie.
Qui meurt pour le peuple a vécu...
Vous êtes vaillants, nous le sommes :
Guidez-nous contre les tyrans!
Les républicains sont des hommes,
Les esclaves sont des enfants...

Refrain

III

Les guerriers

Sur le fer, devant Dieu, nous jurons à nos pères,
A nos épouses, à nos sœurs,
A nos représentants, à nos fils, à nos mères,
D'anéantir les oppresseurs :
En tous lieux, dans la nuit profonde
Plongeant l'infâme royauté,
Les Français donneront au monde
Et la paix et la liberté!...

Refrain

(Le premier couplet était dit par un député du peuple. — Quatre autres strophes, qu'il est inutile de transcrire, étaient chantées par une mère de famille, un vieillard, une épouse et une jeune fille.)

Le Chœur des Girondins.

1847

Paroles de
A. MAQUET.

Musique de
A. VARNEY.

II

Au seul bruit de sa délivrance,
Les nations brisent leurs fers ;
Et le sang des fils de la France
Sert de rançon à l'univers.
Refrain

III

C'est à nous, mère, épouse, amante,
De donner, comme il plaît à Dieu,
La couronne au vainqueur qui chante,
Au martyr le baiser d'adieu.
Refrain

TABLE

Première partie

Deuxième partie

Imp. de Vaugirard, 152, rue de Vaugirard, Paris. H.-L. [illegible], dir.

www.ingramcontent.com/pod-product-compliance
Ingram Content Group UK Ltd.
Pitfield, Milton Keynes, MK11 3LW, UK
UKHW020913180726
13838UKWH00002B/519